AUX TOURISTES

Le Guide de Laval

I. LAVAL

II. SES ENVIRONS

III. A TRAVERS LE DÉPARTEMENT

Orné de Gravures

PRIX : **2** FRANCS

LAVAL

IMPRIMERIE MAYENNAISE

Rue Renaise, 44 et 46

1897

Maison la plus importante de la Région
TRÈS RECOMMANDÉE
pour les
VINS FINS & ORDINAIRES
En cercles et en bouteilles.
CONFIANCE ABSOLUE
E. LAVIGNE
18, RUE DE L'HOTEL-DE-VILLE & 66, RUE JOINVILLE
COGNAC
FINE CHAMPAGNE
Et toutes les Premières Marques de
LIQUEURS, CHAMPAGNE
RHUMS & KIRCHS
CHAIS : Caveaux de la « TOUR RENAISE »
Voir : Guide, page 150.

MAISON E. LAVIGNE

NÉGOCIANT-ENTREPOSITAIRE

LAVAL

« Faire toujours de mieux en mieux ».

« Faire toujours de mieux en mieux ».

GRANDE ÉPICERIE DE CHOIX

Primeurs & Fruits suivant saison

Chocolat LAVIGNE supérieur à tout autre à prix égal
CHOCOLATS ET CACAOS DE TOUTES MARQUES

Confiserie fine, Fruits glacés, Fondants, Dragées
Confitures et Conserves de fruits

BOUGIES & HUILES D'ÉCLAIRAGE

CAFÉS VERTS ET GRILLÉS

« Demander le **Café exquis** à 3 fr. le 1/2 kil.
le goûter c'est l'adopter »

CONSERVES DE POISSONS, DE LÉGUMES, DE VIANDES
ET COMESTIBLES

HORS D'ŒUVRE, FRUITS SECS
Huiles et Vinaigres, Fromages, Salaisons, Eaux minérales

RAYONS SPÉCIAUX

De Parfumerie, Plumeaux, Brosserie, Sellerie, Peinture

VINS EN GROS ET EN DÉTAIL

En cercles, en litres et en bouteilles, de tous les crus
ACHATS DIRECTS AUX VIGNOBLES

VIN GRIS SPÉCIAL pour Diabétiques et Maladies d'estomac
SPÉCIALITÉ DE VINS D'ESPAGNE & DU PORTUGAL

VINS DU BORDELAIS, BOURGOGNE
CHAMPAGNE DE TOUTES MARQUES
COGNAC, FINE CHAMPAGNE

Le tout en barriques, demi-barriques et fûts de toutes dimensions

GRANDE SPÉCIALITÉ DE VINS

Pour Mariages, Baptêmes & Festins

DRAGÉES ET BOITES

AVEC NOMS OU INITIALES, dans les 72 heures

LIQUEURS DE TOUTES MARQUES

	Le litre
Véritable Chartreuse Jaune du couvent .	7 »
Cognac excellent ★	2 »
id. id. ★★	2 25
id. id. ★★★	2 50

LIVRAISONS et EXPÉDITIONS franco à partir de **25 francs.**

DEMANDER LE PRIX COURANT GÉNÉRAL

VOIR A LA FIN DU VOLUME

LES

MAISONS RECOMMANDÉES

ET LES

RENSEIGNEMENTS DIVERS

LAVAL ET SES ENVIRONS

LAVAL

ET SES ENVIRONS

GUIDE DE L'ÉTRANGER

LAVAL

IMPRIMERIE MAYENNAISE

44 et 46, rue Renaise, 44 et 46

1896

PRÉFACE

Laval à travers les Siècles

Les documents sur l'origine de Laval manquent : aussi les historiens qui ont écrit sur cette question ont-ils tous donné carrière à leur imagination, nous racontant des chroniques dont l authenticité est bien contestable, reproduisant en grande partie l'ouvrage de Maucourt de Bourjolly, qui, tout en écrivant l'histoire de notre ville, s est plutôt occupé de rechercher, comme ses devanciers, une illustre origine aux seigneurs de Laval, que de nous faire voir par quelle suite d'évènements cette ville s'est successivement développée et agrandie.

Cependant, cet auteur est le seul qui ait eu en

main des documents sérieux, puisqu'il écrivait au commencement du dix-huitième siècle et que les parchemins dont il s'est servi furent brûlés sur la place publique sous la Terreur. Ces documents mêmes étaient bien incomplets, car, dès 1557, Louis de Saint-Maure, marquis de Nesles qui avait épousé Renée de Rieux, autrement Guionne-la-Folle, dernière héritière des comtes de Laval, avait déjà pillé le château, emportant dans ses domaines de Picardie les tapisseries, chartes, manuscrits et tout ce qu'il y avait de précieux.

Aussi est-il assez difficile de se faire un tableau exact de notre ville aux différentes époques qui nous ont précédé.

Pendant les premiers siècles de la monarchie française, nous pouvons nous représenter la Mayenne, qui portait le nom de *Fleuve Noir*, comme la barrière naturelle entre la Bretagne et la France. La rive gauche avait conservé des traces de l'occupation romaine, et quelques villas, quelques métairies ont des noms qui nous rappellent leur origine latine (Poligné, Entrammes, etc).

Quant à la rive droite, elle était couverte par une forêt qui porte le nom de *forêt de Concise* et qui s'étendait des rives de la Mayenne jusque vers

Rennes ; tout ce territoire était peu ou point habité. Les routes pour traverser cette forêt étaient probablement le bord des différents cours d'eau qui viennent se jeter dans la Mayenne sur l'une et l'autre rives. Combien de fois les Bretons vinrent-ils butiner sur la rive gauche, où s'était plus particulièrement développée la civilisation romaine ! Aussi, au commencement du IXe siècle, Charlemagne créa, dit-on, un comte des *Marches Bretonnes* pour arrêter les invasions sans cesse renouvelées.

C'est aussi vers cette époque que nos historiens placent l'établissement d'une forteresse, sur le bord de la Mayenne, où s'élèvera plus tard la ville de Laval. Cette forteresse fut prise, détruite et rebâtie plusieurs fois ; les auteurs parlent d'un seigneur Bélaillé qui aurait établi un barrage et des moulins, ainsi qu'un pont et une aumônerie à l'extrémité de ce pont.

Onzième Siècle

Il nous faut arriver au commencement du XIe siècle pour voir s'établir le donjon actuel et commencer notre ville.

Vers l'an 1020, le château se construit ; il est défendu au nord et à l'est par la Mayenne, car tout le terrain entre le château et le côteau de Bel-Air est occupé par le vaste étang de la Chiffolière, formé par le ruisseau qui vient des Vaux et va se jeter dans la Mayenne à la Chiffolière ; des murailles élevées le mettent à l'abri du côté de la Grande-Rue ; des fossés et un pont levis le défendent du côté de la place du Palais.

L'an 1024, Guy II dote ou fonde le prieuré de Pritz, à l'entrée de ce ruisseau qui remonte vers le Genest, la principale route pour entrer en Bretagne, jusque vers l'année 1648. C'est à cette époque, en effet, que nous voyons la princesse de Hesse Cassel, femme du duc de La Trémoille, se rendre de Vitré à Laval, par Saint-Pierre-la-Cour, Ollivet où elle couche, la rue Saint-Jean et le Carrefour-aux-Toiles. Tout le terrain entre ce ruisseau et le château constitue la paroisse de Pritz.

En 1040, Guy II fonde le prieuré de Saint-Martin, ainsi que celui d'Avesnières.

A partir de cette époque, quelques habitations s'élèvent autour du château, aux environs du Roquet de la Place, dans les terrains occupés jadis par la rue Monte-à-Regret.

Bourjolly constate qu'une ancienne muraille,

partant du bas du Roquet de la Place, s'avançait à travers ces rues gagnant la rue du Pilier-Vert et défendant ces quelques maisons contre l'envahissement du dehors. Aussi une église était-elle bâtie sous le nom de Notre-Dame-du-Bourg-Chevreau. Le seigneur avait donc, vers la fin du onzième siècle, un château et un bourg entouré de murs, ce qui constituait les prérogatives du baron. Du reste, un marché était établi aux portes de son bourg et un autre dans l'intérieur même de son château.

Autour du monastère de Saint-Martin, quelques maisons s'étaient construites, une partie de l'étang avait été desséchée et un bourg s'était établi ayant aussi un marché.

Des dispositions furent prises pour les droits à percevoir sur ceux qui venaient vendre à ces divers marchés, par le Prieur, d'une part, et le comte de Laval, de l'autre.

Douzième Siècle

Dans le XIIe siècle, on voit se fonder le prieuré de Saint-Melaine, qui devient la paroisse de tout le territoire s'étendant sur la rive gauche de la Mayenne en face du château.

Les seigneurs de Laval se croisèrent et Laval continua à prendre de l'importance ; la ville s'accrût de plus en plus : la rue Renaise commence à se former et des habitations s'élèvent, formant une rue, vers le bourg Saint-Martin.

L'église de la Trinité, d'abord simple chapelle, devient chaque jour trop petite pour les fidèles qui sont venus se grouper autour du château, et vers la fin du XIIe siècle, agrandie par les libéralités des habitants, elle est érigée en paroisse ; Pritz conserve son titre d'église primitive.

Des habitations s'étaient également établies le long des murs du château, vers la Grande Rue, la rue de Chapelle, et Guy V avait été obligé d'entourer la ville d'une ceinture de murailles, dont nous voyons encore les restes aujourd'hui, partant du Vieux-Pont, montant par les Eperons, gagnant la porte Beucheresse, se prolongeant le long de la rue des Fossés jusqu'à la porte Renaise, et de là jusqu'à la porte du Diable, sur les bords de la Mayenne ; un mur partait de cette tour et allait rejoindre le Vieux Pont qui dût être bâti vers ce temps à peu près tel que nous le voyons aujourd'hui.

Entre les murs du château et cette muraille, s'étendait un vaste boulevard.

L'entrée du pont était défendue par deux tours, dont les fondations se trouvaient dans la rivière ; au-devant une trappe couverte par un pont-levis.

Treizième Siècle

Au commencement du XIIIe siècle, nous constatons que la ville, entourée de murailles, renfermait dans son sein non seulement les hôtels des différents seigneurs des environs de Laval, mais encore les maisons d'un certain nombre de bourgeois se livrant à la fabrication d'étoffes de laine ; car les moulins de Bélaillé servaient à la préparation de ces étoffes ; c'étaient des moulins à foulons, et la place du Gast, nommée le champ aux Poulies, était le lieu où on les séchait et où elles s'apprêtaient.

Jusqu'alors les marchés s'étaient tenus, l'un dans la cour du château, l'autre devant l'église de Notre-Dame-du-Bourg-Chevreau, en dehors de la première enceinte. Ces terrains avaient fini par se couvrir de maisons. Aussi Emma, dame de Laval, femme du connétable de Montmorency, transporte-t-elle l'un des marchés entre la porte Beucheresse et le Bourg-Hersent, à proximité du lieu où l'on préparait les draps. Des halles furent établies dans l intérieur des murailles, halles que nous avons vues jusque dans ces derniers temps, et c'est là que se tiendra désormais le marché intérieur.

L'église de la Trinité agrandie était devenue l'église paroissiale ; et nous voyons Guy VI transférer son chapitre des chanoines, de la chapelle du château en l'église Notre-Dame-du-Bourg-Chevreau, qui prit plus tard le nom de Saint-Thugal, avec toutes ses prérogatives.

Aussi la paroisse de Saint-Thugal n'avait pas de territoire proprement dit ; ses paroissiens étaient les gens du château attachés à la personne du baron, les nobles, les étrangers et certaines maisons disséminées çà et là dans l'intérieur de la ville.

Quatorzième Siècle

Un certain nombre de vassaux des seigneurs de Laval, qui les avaient suivis aux Croisades, de retour dans le pays, avaient fait bâtir quelques maisons dans la ville. Ils formaient une espèce de cour à leur seigneur et se trouvaient tout prêts pour remplir leurs services, car la défense des portes et des murailles leur était confiée, comme on le voit dans les aveux du XVe siècle. Les maisons de Brée, de Loué, de Fouilloux, d'Orange, de la Feuillée, de la Patrière eurent leurs hôtels dans la ville.

La famille Ouvrouin, seigneurs de Poligné, fit même établir un manoir à l'entrée de la rue de Paradis, sur un terrain à elle appartenant, espèce de château-fort avancé, et plus d'une fois les seigneurs de cette famille eurent maille à partir avec les seigneurs de Laval en cherchant à conquérir leur indépendance.

Sur la rive gauche de la Mayenne, entre le pont et le fief de Chanteloup, s'étendaient de vastes prairies où les seigneurs se réunissaient pour courir et s'exercer au métier des armes ; c'étaient les lices du seigneur.

Guy IX ayant épousé Béatrix de Gavres, vers 1290, cette princesse amena avec elle des Flamands qui introduisirent à Laval le tissage du lin, et, dans le XIVe siècle, cette industrie s'établit peu peu à Laval.

Des concessions furent faites à ces nouveaux venus ; certains lavallois abandonnèrent le tissage des draps pour se livrer à cette nouvelle industrie, et peu à peu des maisons s'établirent à partir du pont, se dirigeant vers le manoir Ouvrouin ; le faubourg du Pont-de-Mayenne commença à se bâtir.

Guy XII, vers 1397, appelle à Laval des religieux de Saint-François et leur donne le terrain où fut bâti le couvent des Cordeliers. Ce seigneur désintéresse les Bénédictins de Saint-Martin, pour la féodalité du lieu, et le prieur de Pritz et les curés de la Trinité, pour les droits paroissiaux ; quant au fond il l'achète d'un particulier.

Quinzième Siècle

En 1417, les Anglais pénètrent dans le Maine, les châteaux des environs sont détruits ; les familles nobles se retirent dans la ville, et les bourgeois qui s'enrichissent, commencent à élever ces hautes maisons en bois que l'on voit dans la Grande-Rue et qu'on voyait encore dans le Val-de-Mayenne, il y a peu d'années.

Jeanne Ouvrouin, fonde le chapitre de Saint-Michel, en 1421.

La ville, prise par les Anglais en 1427, est reprise sur eux en 1429. Guy de Laval et son frère André de Lohéac, avec leur vassaux, se distinguent au siège d'Orléans, et la baronnie est érigée en comté en faveur de Guy XIV, eu égard aux services personnels rendus par Guy et André, et aussi pour les services antérieurs du connétable Du Guesclin, mari de Anne de Laval, et du maréchal Louis de Châtillon.

C'est lorsque le pays fut débarrassé des Anglais que le commerce de Laval prit surtout son développement. La rue de Rivière se forme ; de grandes maisons en bois s'établissent sur le bord de la Mayenne, des lavanderies, des teintureries, des tanneries se placent entre le pont et les moulins de Bélaillé.

Lohéac achète l'hôtel de Loué, sur la place du Palais, et s'y fait bâtir une maison qu'on pourrait prendre pour une petite forteresse ; il fait aussi bâtir la tour qui fait le coin de la ville, au bas de la rue des Fossés, elle porta longtemps le nom de *Tour du Maréchal* ; il fait refaire le château de Montjean qu'il avait acheté de Jean de Landivy.

Vue du vieux Laval

Le faubourg du Pont-de-Mayenne, se peuple de plus en plus, et les habitants, pour éviter l'inconvénient d'avoir une paroisse aussi éloignée que celle de Saint-Melaine, décident la construction d'une église ; la première pierre de l'église de Saint-Vénérand est posée le 26 mai 1485.

Une Chambre des Comptes, un grenier à sel sont créés à Laval par Louis XI ; un collége avait déjà été fondé, et un grand nombre de familles bourgeoises remplissaient des fonctions publiques, dépendant soit du comté de Laval, soit du roi.

Une épidémie ayant eu lieu vers 1483, une infirmerie fut établie à la Valette, qui dépendait de l'hospice Saint-Julien.

En 1489, des dominicains s'établissent dans le faubourg du Pont-de-Mayenne où se trouve la Préfecture aujourd'hui.

Guy donne le lieu de Patience pour y établir les religieuses de Sainte-Claire, en 1496.

Seizième Siècle

Pendant le XVIᵉ siècle, entre Saint-Vénérand et le couvent de Bonne-Encontre, c'est-à-dire les Jacobins, qui se construisent dans le Pont-de-

Mayenne, Laval voit s'élever sur la Motte, devant le château, le pavillon ou chambre dorée, sur la poterne du Val-de-Mayenne, détruite en 1794, le Palais de Justice au haut du roquet de la place, la Magdeleine au bas de la rue de Rivière; la rue de Paradis est pavée depuis la Croix-Bidault jusqu'au Puits-Rocher. En même temps, le portail de l'église de la Trinité se terminait, les Urbanistes de Patience édifiaient leur couvent, le Vieux-Pont était réparé et des maisons y étaient construites; on commençait à employer les marbres de Saint-Berthevin et d'Argentré dans les constructions des églises. D'un autre côté, les habitants d'Avesnières faisaient construire la flèche de leur église, telle que nous la voyons aujourd'hui.

Le long de la rivière, vers Bootz, commençaient à s'établir des blanchisseries, et, vers la fin du siècle, un collège était fondé rue Renaise ; il exista jusqu'en 1789.

Des fontaines sont établies au commencement du XVIe siècle, et François Ier décrète la construction de portes marinières entre Laval et Château-Gontier.

On trouverait des renseignements pour les XVIIe et XVIIIe siècles dans les actes déposés à la Chambre des notaires, de 1610 à 1790, et qui doivent comprendre les minutes de 123 notaires de l'arrondissement de Laval ; mais la plupart n'ont point de répertoire, et les notaires actuels, étrangers au pays, ne s'en occupent pas (1).

Dix-Septième Siècle

Dans le XVIIe siècle, les blanchisseries de toile prennent de l'extension ; toute la rive gauche de la Mayenne, depuis Bootz jusqu'à Avesnières, en est couverte. La rive droite, depuis la rue de Rivière jusqu'à Avesnières, est aussi occupée par des blanchisseries qui s'étendent même au-delà de ce bourg.

La rue de Paradis se prolonge le long du couvent des Jacobins et va gagner la rue de Bootz qui se forme peu à peu ; d'un autre côté, cette rue se prolonge au-delà de la Croix-Bidault jusqu'à la Croix-de-Vin.

Le couvent des Capucins, en 1614, les Ursulines, en 1616, les Bénédictins, en 1621, et les Hospitalières, en 1648, viennent s'établir à Laval.

L'hospice Saint-Julien devenu trop petit s'aug-

---

(1) Cette critique est devenue sans portée par la participation de plusieurs membres du notariat du département aux travaux des Sociétés Savantes, citons entr'autres MM. J. Planté et Durget.

mente d'une nouvelle salle sur le bord de la Mayenne, en 1619, et bientôt, vers 1650, des bourgeois s'occupent de faire élever l'hospice Saint-Joseph dans l'emplacement où étaient les Lices.

Dès le XV⁰ siècle, le Marchis ayant été pillé par les Anglais, le marché aux Toiles avait été transporté à la porte Renaise, et il y resta jusqu'à la construction de la Halle-aux-Toiles ; aussi, dans le XVII⁰ siècle, tous les environs de la porte Renaise se couvrent-ils de constructions, le long des Fossés de la ville ; des maisons se bâtissent dans la ruelle du Lycée.

Vers la fin du XVII⁰ siècle, on bâtit l'hospice Saint-Louis sur la place de la Chiffolière, le long de la Mayenne.

Les habitants du Val de-Mayenne sont autorisés à détruire le mur existant le long de la rivière pour y avoir accès, à la condition, par eux, de le rebâtir si le comte de Laval vient à l'exiger ; quelques constructions même sont autorisées au pied du mur existant ; des arrivoirs et des tanneries s'y installent.

A cette époque, Leclerc du Flécheray, dans son rapport dressé par ordre de la Cour, en 1697, constate en ces termes le développement de la prospérité du commerce lavallois :

« Tout ainsi que les lapins chassent les lièvres
« d'un terroir, de même les marchands chassent
« les gentilshommes, c'est-à dire que comme le
« commerce s'est augmenté et porté jusqu'au
« point qu'il a été dans le dernier siècle et qui a
« enrichi plusieurs roturiers, les gentilshommes
« ont emprunté de ces roturiers, lesquels ont en-
« suite ou volontairement ou par force, déterré les
« nobles qui ont été contraints d abandonner
« leurs terres en paiement de leurs dettes ; et, en
« effet, on observe dans les registres qu'il n'y a
« aucune des petites maisons que les officiers et
« marchands de Laval possèdent à la campagne
« qui ne fût, au XVᵉ siècle, une demeure de
« gentilhommes, dont les noms et les familles se
« sont transportés dans les provinces voisines et
« plus de la moitié de ceux qui sont restés sont ou
« pauvres ou très peu accomodés. »

Dix-Huitième Siècle

Au XVIIIᵉ siècle, un grand nombre de rues sont pavées, les fossés sont remplis en partie. Une place se fait devant la porte Beucheresse pour un marché aux bestiaux ; la rue des Ursules commence à se former.

Vers 1730 est établie la Halle-aux-Toiles ; le quartier autour de la place Hardy, les rues Saint-Mathurin, Marmoreau se remplissent de maisons.

Les routes royales sont faites, celle de Paris à Rennes, par Mayenne, de 1733 à 1735, celle de Tours 1754, celle du Mans 1766, celle d'Angers 1774.

La poissonnerie est établie sur la Chiffolière et un minage est construit place au blé.

Le grenier à sel est transporté sur la place du Gast, du Val-de-Mayenne où il était avant 1746.

Les rues tortueuses sont autant que possible régularisées ; les balcons en saillie abattus pour le passage des voitures ; mais, malgré la bonne volonté de nos édiles, si la ville n'est plus retenue par son enceinte de murailles, son développement n'en est pas moins arrêté par cette enceinte de couvents qui l'enserrent de tous côtés, et les habitants en sont réduits à prolonger ces petites ruelles qui ont accès aux rues principales de la ville : les ruelles des Capucins, du Britais, des Ursules, des Aumônes, Ricordaine, etc., etc...

La vente de ces vastes établissements, désertés depuis longtemps et à peine habités par quelques religieux au moment de la révolution, a permis de faire entrer l'air et la vie dans nos vieux quartiers et a été la source de toutes les améliorations qu'a faites le XIXᵉ siècle. (1)

---

(1) Nous remercions vivement notre obligeant compatriote, M. Vigneron, de nous avoir autorisé à publier cette intéressante étude, préface de son ouvrage sur « *Les Grands Travaux* » de Laval, au XIXᵉ Siècle. Ce livre contient de précieux renseignements que nous utiliserons au cours du présent GUIDE.

LAVAL MODERNE

LAVAL MODERNE

Laval, une des jolies villes de France, chef-lieu du département de la Mayenne, de l'arrondissement de Laval et de deux cantons Est et Ouest, à 301 kilomètres Sud-Ouest de Paris par le Chemin de fer, est située sur les deux rives de la rivière la Mayenne, par 3° 6' de longitude Ouest et 48° 4' de latitude Nord.

Population normale 26.464 habitants, population totale 30.698.

Evêché suffragant de Tours. Tribunal de première instance (Cour d'Appel d'Angers), Tribunal de Commerce, Justice de Paix, Grand Séminaire, Lycée National (Académie de Rennes), écoles Normales d'Instituteurs et d'Institutrices, établissement libre d'Instruction Secondaire, Bibliothèque publique, Musée, Galerie de Tableaux.

Résidence de la 13ᵉ brigade d'infanterie, d'une chefferie de génie militaire, d'une compagnie de gendarmerie de la 4ᵉ légion.

Laval fait partie de la 3ᵉ circonscription pénitentiaire, de la XVᵉ conservation forestière, du 3ᵉ arrondissement du Haras.

Chambres d'Agriculture et de Commerce ;

Associations patriotiques : Comité départemental de la Société Française de secours aux blessés des armées de Terre et de Mer, comité de l'Association des Dames Françaises, comité du Souvenir Français ;

Sociétés savantes : Commission historique et archéologique de la Mayenne, sociétés des Arts réunis société de l'Industrie de la Mayenne, société Météorologique, l'Alliance française pour la propagation de notre langue aux Colonies et à l Étranger ;

Sociétés Sportives : Courses de Laval (hippiques), société de gymnastique, d'escrime et de tir, Union vélocipédique, les Messagers Lavallois (Colombophilie) ;

Sociétés musicales : Société libre (orchestre à corde), Musique municipale (harmonie), Lyre Lavalloise (fanfare), l'Avant Garde (trompettes), Rallye-Cor (trompes de chasse) ; — Orphéon de Laval, La Cigale (orphéon) ;

Cercles : Militaire, de l'Union (noblesse), de l'Aurore (haut commerce) Catholique, de Beau. regard ;

Associations philanthropiques : Saint François-Xavier, Sapeurs Pompiers, Instituteurs et Institutrices, Médecins Employés et Voyageurs de Commerce, Ouvriers chapeliers, Ouvriers cordonniers (Secours mutuels) ; Saint François-Régis (Mariage des indigents) ;

Syndicats professionnels : de Saint Fiacre (Jardiniers) de Saint-Eloi (forgerons), de Sainte Marie (épiciers), de Sainte-Agnès (couturières) ;

Sociétés financières : Trésorerie générale, Banque de France, Société générale, Crédit Lyonnais ;

Industrie : Importantes et nombreuses fabriques de *coutils nouveautés*, filatures de cotons, teintureries, minoteries, fonderies de métaux, fours à chaux, briques et poteries, scierie de marbre.

Chemin de fer de Paris à Brest : embranchements vers Mayenne-Caen. Mayenne Fougères,

Mayenne-Pré-en-Pail, Pré-en-Pail-Domfront, et Pré-en-Pail-Alençon ; vers Gennes-Château-Gontier et Gennes-Sablé ; vers Craon-Chemazé, Craon-Pouancé, Pouancé-Segré et Pouancé-Châteaubriant.

ARMOIRIES DE LAVAL

Les armes de Laval furent primitivement : *de sable, à six coquilles d'argent 3. 2. 1.*

Elles furent ensuite : *D'or à la croix de gueules, chargée de cinq coquilles d'argent, cartonnée de quatre alérions d'azur.*

Ces alérions (aiglons sans bec ni jambes, ayant les ailes tendues) furent portés à *huit* par Louis-le-Débonnaire, fils de Charlemagne, en récompense de la bravoure de Guy de Laval qui avait apporté au monarque à Tours, les huit enseignes de huit barons de Bretagne soumis par lui à la France (799).

Les alérions de l'écu de Laval furent de nouveau doublés et portés à *seize* par le même souverain qui avait envoyé au secours de Lothaire, alors en guerre avec l'empereur d'Orient, Guy de Laval, lequel s'empara des enseignes de l'armée ottomane.

En 1066, les seigneurs de Laval ayant aidé Guillaume-le-Conquérant à gagner la bataille d'Hasting, celui-ci en reconnaissance déchira le tiers de ses armes et en fit présent à Guy III, pour l'intercaler dans son blason. De ce jour, le léopard d'Angleterre est entré dans les armoiries de Laval qui sont : Parti *de gueules au léopard d'or armé et lampassé d'azur*, parti *d'or à la croix de gueules, chargée de cinq coquilles d'argent, cantonnée de seize alérions d'azur*.

Tel est l'écu authentique de Laval.

Pourtant, on le rencontre le plus généralement composé comme suit : *de gueules, au léopard lionné d'or armé et lampassé d'azur*.

Enfin, quelques auteurs le décrivent : *d'azur à trois battoirs de lavandières d'or* (Larousse). Nous ne l'avons jamais vu représenté sous cette forme.

La Cathédrale

Portail de la place Hardy-de-Lévaré.

LES ÉGLISES [1]

LA CATHÉDRALE

(La Trinité)

HISTOIRE. — Commencée vers l'an 1040, achevée en 1110, l'église primitive de la Trinité fut élevée, dans l'enceinte fortifiée, sur le fonds donné à cet effet par Guy II, seigneur de Laval. Ce ne fut d'abord qu'une simple chapelle desservie par les Bénédictins de la Couture du Mans.

Vers la fin du XII⁰ siècle (1186), la Trinité devint église paroissiale de Laval, titre qui avait appartenu jusque-là à l'église mérovingienne de Pritz.

La paroisse présenta cette particularité qu'administrée d'abord par un seul curé, elle en eut deux à sa tête vers la fin du XIV⁰ siècle. Cette dualité du pouvoir cu-

(1) L'ordre suivi dans cette description est celui qui est préconisé par la Commission de l'inventaire des richesses d'art de la France, — Direction des Beaux-Arts.

rial donna lieu à de nombreux conflits, de sorte qu'un des deux curés put écrire en marge d'un acte dressé par l'autre : *Fail sans ma permission*. Cet état de choses qui dura jusqu'en 1687, prit fin par la démission volontaire d'un des titulaires.

Ceux-ci durent pourtant se trouver d'accord pour résister aux prétentions du Chapitre de Saint-Thugal que dotait le château de Laval. Des contestations s'élevèrent, en effet, dès l'an 1398, entre les chanoines de ce Chapitre et le clergé de la Trinité, au sujet du droit de préséance, de prééminence et autres droits honorifiques. Ces dissensions suivies de procès, de sentences, de concordats, de transactions auxquels chacune des parties ne se soumettait que péniblement, renaissaient sans cesse. Souvent tranchées par la Maison de Laval au profit de son Chapitre, elles mécontentèrent les paroissiens de la Trinité au point qu'ils se soulevèrent contre Guy XVI, lui refusèrent le titre de fondateur de leur église qui appartenait légitimement aux seigneurs de Laval, et le forcèrent à quitter la ville (1515). Ces dissentiments entre Chapitre et Clergé ne se terminèrent qu'en 1780 par un accommodement de Mgr de Gonssans, évêque du Mans, homologué l'année suivante par le Parlement.

Pendant la tourmente révolutionnaire, la Trinité fut choisie comme cathédrale par l'évêque schismatique Villar. Elu le 20 Mars 1791, l'évêque de la Mayenne resta en possession de l'église jusqu'à l'arrivée des Vendéens (23 Octobre 1793).

La Trinité fut transformée en Temple de la Raison à la fin de 1793, ses statues et colonnes furent brisées, son orgue fut haché en morceaux. Elle servit aux réunions de clubs et de fêtes dites patriotiques ; un jour seulement elle servit de prison aux otages arrêtés le 21 Octobre 1799, pendant la seconde chouannerie. Elle fut rendue au culte catholique le 17 Août 1802 par Mgr de Pidoll, évêque du Mans.

Sous le premier Empire, la Restauration et le Gou_ vernement de Juillet, la Trinité fut le lieu des cérémonies officielles ; de même qu'elle se tendit de deuil pour les services funèbres de nos souverains ou des victimes de nos discordes, de même elle résonna de majestueux *Te Deum* à l'annonce des victoires de nos armées comme au retour de joyeux anniversaires.

La Trinité était donc indiquée comme cathédrale au choix du premier évêque de Laval, quand cette ville fut érigée en évêché par bulle de S. S. Pie IX en date du 30 Juin 1855. Mgr Wicart, ancien évêque de Fréjus, y fut intronisé le 28 Novembre de la même année.

Transformations. — Suivant la progression de la population et les goûts de chaque époque, l'église de la Trinité fut l'objet de transformations successives.

De 1180 à 1185, après son érection en église paroissiale, elle fut notablement agrandie et la nef actuelle fut construite.

En 1482, la charpente de cette nef, élevée à l'équerre comme celle des constructions du XIIe siècle, fut exhaussée et réformée à angle aigu dans le goût du XVe siècle. Pour cela, il fallut surélever le grand pignon du nord-ouest.

Vers la fin de ce siècle, on construisit la porte et le portique de la rue des Curés, le chevet actuel, les deux latéraux, et les cinq voûtes qui règnent sur ces parties.

Avec ses trois styles d'architecture du XIe siècle dans le chœur, du XIIe dans la nef, du XVe au chevet, le monument présentait alors un ensemble satisfaisant.

Mais de nouveaux agrandissements étant devenus nécessaires et le terrain faisant défaut pour les harmoniser avec l'édifice, on plaça les nouvelles constructions au côté nord-est. L'exécution en fut confiée à Jamet Neveu, " maître maçon " (1537-1541), lequel édifia deux pignons ou chapelles au nord-est, un autre au sud-est, les couvrit de trois voûtes et les éclaira de trois fenêtres dont il fit les meneaux. L'espace entre les deux pignons neufs et le grand portail du nord-est fut construit de 1549 à 1556.

Ce portail qui fait face au Palais de Justice fut commencé en 1575 par Pierre Guillot ; les guerres de la Ligue en interrompirent les travaux qui ne furent repris qu'en 1595. Il fut terminé en 1597, par Jean Guillot, " maître voyer et visiteur des œuvres de maçonnerie en le duché d'Anjou ". Le même architecte construisit, dans le même temps, le transept gauche, auquel le portail donne accès.

L'escalier monumental qui dessert ce même portail, avec ses rampes de fer aux deux côtés, fut achevé en 1734, sous la surveillance de Le Jay des Atelais, lieutenant particulier et procureur marguillier.

En 1846, la Trinité fut accrue d'un second bras de transept faisant pendant à celui du XVIe siècle dont nous venons de parler. L'élégant portail qui aspecte la place Hardy, un bas côté et la sacristie furent édifiés à la même époque, sur les plans de M. l'abbé Tournesac.

Dans ces derniers temps, la cathédrale a été l'objet d'importants travaux destinés à ramener ses différentes parties au pur style de l'époque qui les vit s'élever. C'est ainsi que, sous la direction de M. Formigé, architecte du Gouvernement, secondé par M. Louis Garnier, architecte Lavallois, l'immense pignon nord-ouest a été transformé en une imposante façade décorée et parementée à laquelle on accède par un perron, que la charpente surélevée au XVe siècle, a été ramenée à ses proportions antérieures, que les pignons du nord-est et du sud-est ont été ragréés, et munis des clochetons, des gargouilles et des crochets que le temps avait détruits ou que les premiers auteurs avaient omis ou laissés inachevés (1885-1895).

Incendies, Ouragans. — La position élevée qu'occupe l'église de la Trinité au sommet de sa colline dominant la ville, la flèche élancée dont sa tour était primitivement munie, sa charpente démesurément haute l'exposèrent aux coups de la foudre et aux ouragans.

En 1323, lors de l'avènement de Guy X, un feu de joie allumé près de l'église communiqua ses flammes à la flèche qui fut entièrement détruite. (Quelques auteurs attribuent ce sinistre au tonnerre et le placent en 1383.) Celle-ci fut bientôt après réédifiée sur le même plan.

Le 16 Janvier 1563, la foudre frappa cette même flèche, et y alluma un incendie qui dura douze heures ; les cloches tombèrent et se brisèrent, le plomb qui recouvrait la toiture dorée se répandit en fusion jusque dans la rue Renaise. La flèche ne fut point reconstruite, elle fut remplacée au dessus de la tour par un petit toit d'effet disgrâcieux, en tout semblable à celui qu'on voit aujourd'hui.

Le 2 Février 1701, un ouragan d'une violence inouïe emporta une partie de la couverture et de la charpente de l'église ; trois fidèles furent tués à l'intérieur

Nous avons dit que, dans la récente restauration qu'ils ont faite du monument, les architectes de l'Etat avaient ramené cette toiture à ses proportions premières, puissent-ils, par une prochaine reconstruction nous rendre la flèche si malheureusement anéantie. Cet ornement, complément nécessaire de l'édifice, donnerait à notre cathédrale un caractère de grandiose élégance et atténuerait singulièrement la disparate de ses différents styles.

———

EXTÉRIEUR. — L'édifice affecte une forme irrégulière. La nef et les transepts esquissent clairement le pied et les bras d'une croix latine, mais la partie supérieure de la croix ne se dégage qu'à l'intérieur par le prolongement du chœur. Le ligne extrême du transept gauche est continuée obliquement jusqu'au chevet ; sur le transept droit s'élève une ligne perpendiculaire se poursuivant jusqu'au même point, mais en dehors du prolongement de la ligne de la nef, de sorte que la partie supérieure de l'édifice forme une figure quadrilatérale terminée à gauche par un angle obtu, et à droite par un angle droit.

Cette église n'est point orientée : le portail de la nef aspecte le Nord-Ouest, celui du transept gauche le Nord-Est, celui du transept de droite le Sud-Ouest, enfin le chevet regarde le Sud-Est.

La **Nouvelle Façade** N.-O.(rue des Curés), a remplacé en 1885 les grappes de masures qui se suspendaient aux murailles du pignon extérieur de la nef. Le style sévère du portail est du XIIe siècle. On accède à la porte, qui ne s'ouvre qu'en de rares circonstances, par un escalier de 35 marches avec relai sur sa plus longue déclivité. Cinq colonnettes de marbre, continuées par cinq rangs de claveaux d'archivoltes, enveloppent cette porte et son tympan ; ceux-ci sont encadrés dans un pignon trapu de granit qui s'avance en léger relief, et que surmonte une croix de Malte.

Au-dessus, s'ouvre une fenêtre géminée à trois baies, dont une seule, celle du milieu, est ajourée. Des modillons variés et d'un grand intérêt, soutiennent un entablement qui sert de base au triangle du pignon, lequel est éclairé d'un seul œil-de-bœuf. Une croix de Jérusalem, cantonnée de quelques sobres dessins à jour, domine le sommet du pignon.

Cette façade est l'œuvre de MM. Formigé et Louis Garnier, architectes.

Le **Côté gauche de la Nef** (1) (rue Renaise), sur lequel règne une corniche, ornée de modillons du XIIe siècle, est percé de deux fenêtres géminées de plein-cintre surmontées d'archivoltes avec dents de scie et reliées entre elles par un cordon en saillie également orné de dents anglaises.

Le jardinet entouré de grilles, qui longe ce côté de la nef et créé par M. Morvan-Larose (1893), a reçu de nombreux motifs de sculpture, épaves des récentes restaura-

---

(1) **La gauche est celle du spectateur partant du pied de la nef.**

tions : modillons, crochets, etc. ; la rosace de style flam-bloyant (1482) qui est appuyée au mur est celle qui éclairait le dessus des voûtes dans l'ancien pignon N.-O.

Le **Côté droit de la nef** (rue des Curés) en tout semblable au côté gauche, est, en outre, accosté d'un por-che construit en 1462. Ce portique délabré en façade est voûté à l'intérieur ; trois écussons forment les clefs de voûte : le premier fut gratté sous la Révolution, comme beaucoup d'autres que nous rencontrerons à l'intérieur, celui du milieu figure une couronne d'épines, le troi-sième représente un sabre au foureau et une sorte de clepsydre.

Comme soutien des nervures, à gauche est un ange paraissant tenir une croix et, à droite, un autre ange avec, sur la poitrine, un écusson portant les trois clous du crucifiement (2. 1.).

Nulle part ailleurs que sur les parois extérieures de la nef on ne peut mieux apprécier la pierre dont est formé l'appareil régulier de l'édifice. Cette pierre que l'on tirait de carrières voisines, aujourd'hui épuisées ou ignorées, — il en existait dans le bois de l'Huisserie — est une sorte de porphyre incomplet ou décomposé ; les Alle-mands lui donnent le nom de *Grawach,* on l'appelle communément *Roussard.*

Le **Portail du transept de gauche** (1575-1597), commencé par Jean Guillot et terminé par son frère Pierre, est un beau travail dans le goût de la renaissance. Ses niches reçurent à l'origine des statues en pierre qui furent détruites à l'époque de la Révolution ; celles qui existent aujourd'hui sont celles de Saint-Augustin, Saint-Grégoire et Saint-Benoît de bas en haut à gauche, et à droite dans le même sens, de Saint-Ambroise, de Saint-Léon et de Saint-Bernard.

On dit que **la borne** ou boute-roues de fonte qui se trouve au pied du perron à gauche, servait au bourreau comme point d'appui pour trancher le poignet des coupables condamnés à ce supplice.

Le **Portail du transept de droite** (place Hardy-de-Lévaré), a été construit dans le style du XIIe siècle, sur les plans de M. l'abbé Tournesac, inspecteur des monuments historiques du département de la Sarthe, par M. Lusson, architecte au Mans (1846-1848.)

Sa position en contre-bas de la place lui est peu avantageuse.

La **Tour centrale** qui est carrée repose sur les piliers du chœur. On croit que sa partie inférieure où se voit un ornement en forme d'arcature est de la fin du XIe siècle et que la partie supérieure où se trouvent, de trois côtés, ces grandes ouvertures allongées avec des voussures peu rentrantes et dont le sommet présente un rudiment d'ogives, est de la fin du XII. L'étranger sera désagréablement frappé de l'aspect de cette toiture basse qui recouvre la tour, il voudrait certainement voir à la place une flèche élancée ; les lavallois paraissent faire bon marché du disgrâcieux spectacle qu'offre de tous les points de la ville la tour émoussée de leur Cathédrale.

En amont du portail du transept gauche, l'édifice se continue en obliquant légèrement à droite, par trois chapelles (ou pignons) peu uniformes percées chacune d'une grande fenêtre en style renaissance. Entre la première et la seconde, on distingue une *Tourelle* engagée dans laquelle se trouve un escalier en spirale : cette tourelle servit d'entrée supplémentaire pendant que le portail voisin fut la seule principale entrée de l'église. Son accès à l'intérieur est aujourd'hui bouché.

Le contrefort d'entre les deuxième et troisième chapelles et celui qui sert d'arête à l'angle extrême Est sont sommés d'élégants clochetons (1895), imités de ceux de l'église de N.-D. d'Avénières dont le clocher, comme ces deux chapelles elles-mêmes, est l'œuvre de Jamet Neveu.

En amont du transept de droite, trois pignons forment la partie neuve extérieure du latéral construit en 1846 : ils sont percés de fenêtres ogivales avec meneaux ouvragés. Le pignon central plus élevé que les deux autres, a reçu dans sa partie supérieure un cadran solaire.

Le **Chevet droit** (rue Charles-Landelle) présente un aspect presque régulier avec ses trois chapelles gothiques et ses fenêtres de style flamboyant.

Les gargouilles dont on a armé les contreforts, les motifs ornementaux dont les pignons sont surmontés, les crochets dont le pignon central, ouvrage de **Jamet Neveu** (1541), a été orné, donnent bon air à ce chevet nouvellement restauré (1895).

INTÉRIEUR. — La longueur totale de l'édifice est de 66 mètres 50, la largeur de la nef de 15 mètres, la longueur de la croisée de 45 mètres, enfin, la ligne du chevet droit mesure 22 mètres 50. Ces dimensions prises à l'intérieur ne sont pas rigoureuses.

NEF UNIQUE. — **Tribune** et **Grille** construites en 1770. —**Grand Orgue** de Cavaillé-Coll et Cie, de Paris ; 26 jeux, livré en juin 1853, augmenté et perfectionné en 1893. — **La Voûte** fait l'admiration des connaisseurs tant par ses grandioses proportions que par ses caractères architectoniques. M. Corroyer, dans son ouvrage l'*Architecture Gothique*, attache, au point de vue de l'histoire de l'art, une grande importance à cette voûte dans laquelle il voit la transition évidente entre la coupole et la voûte ogivale.

On remarquera que les branches d'arc ne sont pas juxtaposées à leur réunion à la clé de voûte de la première travée ; cette clé a reçu comme ornement un agneau pascal.

On observe à la clé de voûte du carré des transepts, une tête d'homme placée suivant le sens de l'arc du midi : caprice d'architecte sans doute.

Les **fenêtres** ne possèdent que des vitreries

blanches entourées d'une bordure d'ornement du XIIe siècle.

Les parements de la voûte et de la muraille furent exécutés en 1868-1869. Un ouvrier fut tué au cours des travaux.

Côté gauche. — Dans l'entrecolonnement de la deuxième travée, se trouve le **Cénotaphe** de Guillaume Ouvroin, évêque de Rennes, dont le corps fut inhumé en 1421, dans l'église Saint-Michel de Laval, où il est resté. La statue transportée à la Trinité en 1805, est en marbre blanc et d'une bonne exécution ; elle représente un évêque couché, les mains jointes sur la poitrine, au-dessus de sa tête est un dais en marbre noir, à sa gauche est placé le bâton pastoral, ses pieds reposent sur un lion. Une inscription latine rappelle la translation de ce monument.

Chemin de Croix de belles dimensions, peint sur toile par M. de Boisricheux, époux de Mme Horace Vernet (1843). Un contre-sens domine l'œuvre toute entière : sauf dans le tableau de la rencontre avec Véronique, le Christ portant sa croix marche toujours dans une direction opposée au Calvaire.

Cette anomalie s'explique par ce fait que chaque tableau est une copie d'une œuvre de maître ; les deux dernières stations ont un réel mérite.

La Chaire à prêcher a été construite au commencement du siècle, quelques années après la restauration du culte. L'abat-voix est surmonté d'attributs religieux : la mitre, l'étole, la crosse, la croix, une torche enflammée, un livre d'évangile.

Côté droit. — La porte intérieure de la rue des Curés (1462) possède grossièrement sculptées sur les panneaux du milieu, deux images, l'une de Saint-Joseph, l'autre de la Sainte-Vierge ; sa serrurerie est à remarquer.

Auprès du faisceau des colonnes qui sépare la nef du transept, on lit, sur un marbre noir inséré dans le mur, à hauteur d'homme, l'inscription funéraire suivante :

En tête est l'écusson des Hardy accosté à gauche d'un R et à droite d'un H (*de sable, au lion d'argent, stellé de même, 2 et 1.*)

Cy gissent les corps des deffuncts :

N. ROBERT HARDY, vivant sieur de LA BELLENGERIE
conseiller du Roy, ancien élu en l'élection de Laval qui décéla le **19 Novembre
1649**, âgé de 71 ans.

De demoiselle FRANÇOISE CHASSEBŒUF, son épouse. qui décéda
le 3 Septembre 1662, âgée de 64 ans.

D'ESTIENNE HARDY, leur fils aîné, qui décéda le 8 Avril 1644, âgé de 28 ans.

et de

Maître PIERRE HARDY, leur fils, sieur DE LÉVARÉ (1),
advocat au Parlement, conseiller du Roy, juge magistrat au siège présidial
de Château-Gontier, qui décéda le 9 Novembre 1673, âgé de 51 ans.

Priez Dieu pour le repos de leurs âmes.

Le **Grand Crucifix** faisant face à la chaire a
été placé en juillet 1893 ; l'image du Christ d'une
bonne expression antique, sort des ateliers de
Poussielgue, à Paris ; le bois de la croix a été travaillé par des ouvriers de Laval.

TRANSEPT GAUCHE.— La voûte entière est en
pierre de tuf et chargée d'ornements de style
renaissance ; elle présente au sommet une large
ouverture.

Dans l'embrasure de la fenêtre qui fait face à
l'autel de la Vierge, on remarque une pierre
saillante en forme de console soutenue par une tête
d'ange. Sur cette console on voyait autrefois une

______

(1) Les armes de Hardy de Lévaré sont, suivant M. Chappée : *de sable, au
lion d'argent accompagné de 8 molettes de même, 2 et 1.*

petite statue représentant un homme habillé de rouge, ayant un genou en terre, et tenant en joue une arquebuse. Cette statuette représentait l'assassin d'Antoine Besnier, curé de la paroisse. Ce dernier, en effet, fut tué d'un coup d'arquebuse, le jour de la Trinité, pendant qu'il officiait (1600).

Bénitier en marbre de Saint-Berthevin sur colonnette unique ; au-dessus : un écusson gratté, surmonté à dextre d'une mitre et d'un heaume à senestre, avec la date de 1554.

Le **Grand Auvent** est un très remarquable travail de menuiserie et de sculpture ; l'auteur nous en est inconnu (1709). On lit à l'intérieur une inscription parfaitement conservée qui n'est pas sans intérêt pour les amateurs de rébus.

La **Fenêtre du Portail** ne possède qu'un vitrerie claire en losanges ; un minuscule verre peint, coupé en circonférence et fixé au haut de la fenêtre, représente Saint-Pierre portant une clef. L'état de vétusté de cette petite peinture permet de la faire remonter à l'époque de la construction de la fenêtre. C'est d'ailleurs la seule peinture sur verre ancienne qui existe aujourd'hui à la Trinité.

Autel du Scapulaire, de style grec, construit en 1804. La statue de la Vierge en marbre de Carrare brille plus par son exécution artistique que par son caractère religieux. Ce n'en est pas moins un morceau précieux et de grande valeur. Comme origine, elle est antérieure à 1684, année du décès de son donateur. On l'appelle communément *la Vierge au Magnificat.*

En Novembre 1793, Guilbert, procureur de la Commune, dévastait l'église et brisait les statues. Celle de la Vierge avait déjà été frappée de plusieurs coups de marteau sans que le marbre fût entamé, lorsque quelqu'un proposa d'en faire une déesse de la Liberté. Cet artifice sauva l'œuvre d'art qui, remisée dans une cave de l'église, y resta cachée pendant le temps de la Terreur.

TRANSEPT DROIT. — *L'Adoration des Mages,* grand tableau d'assez bonne exécution.

Tribune sur trois arceaux de plein-cintre ornés de dents de scie et formant le portique de l'entrée.

Grande fenêtre de plein-cintre. **Vitrail** en style XII⁰ siècle, représentant en dix médaillons entourés de mosaïques et de bordures très ornées, des scènes de la vie du Christ, par Lusson du Mans (1850).

1. Naissance de Jésus, 2. Adoration des Mages, 3. Présentation de Jésus au Temple, 4. Jésus parmi les docteurs, 5. Noces de Cana, 6. Résurrection de la fille de Jaïre, 7. La Cène, 8. Jésus devant Pilate, 9. Le Crucifiement, 10. La Résurrection.

Bons dessins d'après des documents des XII° et XIIIe siècles, et coloration bien au point ; toutefois, la trop grande complication des ornements fait papilloter les tons et nuit à l'unité.

Autel de Saint-Joseph contemporain de la construction de ce transept.

CHŒUR. — Les archéologues reconnaissent, vers le sanctuaire, le chœur et l'un des transepts d'une petite église du XIe siècle, qui ont été conservés lors de la reconstruction de la nef. Les quatre gros piliers du chœur sont de cette époque ; l'un d'eux, celui du sud, était creux et contenait l'escalier qui desservait le clocher ; les deux chapelles voûtées en berceau qui se trouvent à gauche et à droite du chœur formaient les transepts.

Tous les écussons des clés de voûte furent effacés pendant la Révolution.

La bordure qui orne la lunette donnant passage aux cloches fut refaite après l'incendie de 1563, vers l'année 1597.

Le chœur récemment agrandi pour les besoins du culte (1887-1888), empiète sur le transept et englobe les deux arcades latérales.

Maître-Autel placé au fond du Chœur. — Rétable du milieu du XVII⁰ siècle. — Tableau du rétable : *La Sainte-Trinité* entourée d'esprits célestes et de bienheureux (Letourneur, 1640). Au sommet, trois soleils réunis forment une seule gloire avec ces mots : *Hi tres unum sunt ;* au-dessous, la Vierge au milieu des Saints et Saintes contemplant la Trinité lumineuse, et des Anges jouant de divers instruments.

Dans la niche supérieure : un groupe en plâtre figurant les trois personnes du mystère. Dans la niche latérale de gauche, Saint-Pierre ; dans celle de droite, Saint-Jean l'Evangéliste.

Le Tabernacle doré, le tombeau, les degrés et les crédences en marbre élégamment travaillé, furent placés en 1754.

Sur ces dernières, on voit deux jolis reliquaires modernes par Poussielgue, de Paris. Le reliquaire de gauche contient des reliques de Saint-Julien, premier évêque du Mans ; celui du côté de l'épitre contient des reliques de Saint-Thugal, évêque de Tréguier. Ces reliques ont appartenu au Chapitre de Saint-Thugal et antérieurement aux Seigneurs de Laval ; elles sont dans nos murs depuis plus de mille ans (878).

Trône épiscopal. — Fauteuil imité du XIVe siècle sous un dais gothique (1855).

Tombeau de Mgr Cléret, cinquième évêque de Laval, dans le dallage du chœur sous l'arcade gauche (1895).

LATÉRAUX DU CHŒUR.— Latéral de gauche. — A remarquer les voûtes avec leurs multiples ornements ; anges soutenant les nervures, pendentifs, etc., et sur le gros pilier, côté du chevet, une sorte de marmouset sculpté dans la pierre.

Passim : divers tableaux, copies d'œuvres célèbres : Le *Baiser de Judas,* l'*Annonciation,* le *Sacré-Cœur ;*

Sainte-Elisabeth présentant son fils à la Vierge et à l'Enfant Jésus, original très-écaillé et assez ancien, au bas duquel on voit le portrait de la donatrice ;

Saint-Charles-Borromée visitant les pestiférés : le diacre qui accompagne le saint est le très ressemblant portrait de M. Charles Matagrin, curé de la Trinité (1803-1806) ; restauration imparfaite.

N.-D. de la Halle, contre le premier pilier à droite.

Cette antique statue fut placée à l'endroit où elle est aujourd'hui, le 15 avril 1891. Elle occupait auparavant la place d'honneur dans les anciennes halles. Lors de la destruction de ces dernières, elle fut revendiquée à la fois par le Syndicat des jardiniers et par M. Billion, maire de Laval, et mise sous séquestre par le Tribunal civil. M. le Curé de la Cathédrale fut constitué gardien du séquestre.

Petit-orgue dit d'accompagnement, 8 jeux, par Cavaillé-Coll et Cie de Paris (1853.)

Sainte-Anne, ancienne statue que vénèrent les menuisiers comme patronne.

Les fenêtres n'ont qu'une vitrerie blanche.

LATÉRAL DE DROITE. — Passim : la **Mort de Saint-Bruno**, magnique copie ancienne si toutefois ce n'est un second original de Lesueur ; acheté vers 1840 dans une vente publique à Nantes et payé par souscriptions ; les traditions nantaises l'attribuent au pinceau de Lafosse, peintre du dôme des Invalides. Original ou copie, ce tableau se trouve bien à sa place dans l'église principale de la ville qui a quelque prétention à avoir vu naître l'illustre auteur du célèbre tableau du Louvre ; — **La Cène,** tableau original et authentique de Philippe de Champagne ; — la *Visite de Marie-Madeleine au tombeau,* l'*Immaculée-Conception,* l'*Apparition de l'ange à Élie,* le *Christ en Croix.*

Verrière I. — *Le Ministère apostolique.* — Au bas de la verrière, Saint-Dominique et Saint-François tiennent l'Église sur leurs épaules ; de chaque côté, des saints docteurs et prêtres ; au-dessus le Christ enseignant, entouré de ses apôtres ; dans les tympans, le Père, le Fils et le Saint-Esprit.

Verrière II. — *La Charité chrétienne.* — Six scènes ayant rapport à la charité des Saints : Sainte-Isabelle, Saint-Jean-de-Dieu, Saint-Vincent-de-Paule, Sainte-Bathilde, Saint-Martin et Saint-Louis. Dans le tympan : le Christ au calice.

Verrière III. — *Saintes Femmes des deux Testaments :* Au bas du vitrail : Sainte-Geneviève, Sainte-Zite, Sainte-Imelde ; Sainte-Catherine,

Sainte - Agathe, Sainte - Cécile ; Sainte - Elisabeth, Sainte-Radegonde, Sainte-Clotilde. Au-dessus, la Vierge sur son trône ; à ses pieds, deux anges tenant l'un un lis, l'autre une rose ; à droite, Femmes de l'ancien Testament, sans nimbe, dont le nom est difficilement lisible sur la bordure de leur vêtement renaissance : toutefois on reconnaît Judith ; à gauche, Sainte-Marthe, Sainte-Marie-Madeleine, Sainte-Véronique. Dans le tympan : le Père Eternel.

Ces trois verrières qui constituent un beau programme, mais dont les dessins sont lourds et la peinture noire, ont été exécutés vers 1850 par Lusson, peintre verrier au Mans.

CHEVET. — De gauche à droite :

Autel du Sacré-Cœur, moderne, très élégant, imité des autels à rétable du XVIᵉ siècle.

Tombeau de Mgr Bougaud, quatrième évêque de Laval, mort en 1888 ; magnifique bronze par Blanchard, 1892, fondu par Thiébault frères, de Paris.

Autel de Saint-François, construit en 1812, avec les matériaux du rétable de l'autel Saint-Michel qui se trouvait à Notre-Dame-des-Cordeliers, dans une chapelle servant aujourd'hui de sacristie. Cet autel renferme les reliques de Saint-Iomède, martyr de nom propre, obtenu à Rome par M. l'abbé Véron et donné par lui à la paroisse de la Trinité. (Translation du 27 Août 1843). **Verrière** représentant, en quatre panneaux, les scènes du martyre de Saint-Etienne, de Saint-Laurent, des Saints Gervais et Protais, de Saint-Maurice et de la Légion thébaine. Dans le tympan : Saint-Iomède et différentes phases de son martyre. Vitraux de Fialex du Mans (1845), plus remarquables par le dessin que par le coloris et l'exécution.

Tombeau de Mgr Maréchal, troisième évêque de Laval, décédé en 1887.

Autel de la Communion, élevé à la même époque et avec des matériaux de même provenance que le précédent. — Très remarquable tableau sur bois en forme de **Triptyque.** Sur les volets extérieurs : Saint-Jean l'Evangéliste dans une chaudière d'huile bouillante devant la Porte Latine, peinture sans valeur d'auteur inconnu.

A l'intérieur, sont représentés les principaux épisodes de l'histoire du Précurseur : 1. La Prédication dans le désert ; 2. Le Baptème de Jésus dans les eaux du Jourdain ; 3. La Décollation de Saint-Jean-Baptiste.

Cette œuvre curieuse, de style très personnel et de grande valeur, est d'un maître Hollandais, Pieter Aertzen, dit le Long, d'Amsterdam (1507-1573), suivant l'opinion de M. Tancrède Abraham et de M. Haro de Paris qui l'a restaurée (1883).

On croit toutefois que la seule peinture du milieu est de ce maître et que celle des deux volets serait plutôt l'œuvre d'un peintre de l'école de Van Eyck.

(Le triptyque est ouvert aux fêtes solennelles et aux jours commémoratifs de la Nativité et de la Décollation de Saint-Jean-Baptiste. Pour les visites particulières, en dehors de ces solennités, s'adresser au sacristain, rue des Curés, n° 3.)

Plaque de cuivre portant gravés les noms des quatorze prêtres martyrs dont le tombeau est dans l'église de N.-D. d'Avénières.

Tombeau de Mgr le Hardy du Marais, deuxième évêque de Laval, décédé en 1886.

Autel de Saint-Thugal, construit avec les mêmes matériaux que les autels précédents. Les ornements supérieurs ont été supprimés récemment pour dégager la fenêtre de la chapelle. Il en est ainsi pour les deux autres autels de même provenance.

Tombeau de Mgr Wicart, premier évêque de Laval, mort en 1879.

Autel de N.-D. du Sacré-Cœur. Don de M. de la Broise ; peint par Gazel (1869).

CLOCHES. — Un bourdon et quatre cloches, par M. Bollée, fondeur. Les cloches datées de 1860 et 1867, sortent des ateliers du Mans, celles de 1841 avaient été fondues à La Flèche.

Bourdon. — Poids : 6.250 kilos ; note : *La bémol* ; noms : Blanche-Marie-Daniel ; parrain : M. le Chevalier Daniel Gaultier de Saint-Cyr ; marraine : Mme Blanche-Marie Soucanye de Lande_voisin, épouse de M. Louis de Berset.Bénit par Mgr Wicart, 1867 ('). Dédié à Marie Immaculée.

---

(1) Bien que cette cloche porte la date 1867, la cérémonie de la bénédiction n'eut lieu que le 6 Février 1868.

Grosse cloche. — Poids : 2.150 kilos ; note : *Ut bémol* ; noms : Marie-Joséphine-Amédée ; parrain : M. Alexandre-Amédée Berset d'Hauterive ; marraine : Mlle Joséphine-Laurence de Bailly. Bénite par Mgr Wicart, Août 1860. Dédiée à Marie Immaculée.

Cloche dite du Chapitre. — Poids : 1.225 kilos ; note : *ré bémol* ; nom : Renée-Françoise ; parrain : M. François d'Aubert ; marraine : Mme Renée Dubois de Beauregard, épouse de M. Chevreul. Bénite par Mgr Bouvier, évèque du Mans, 5 août 1841. Dédiée au Sacré-Cœur.

Cloche dite de l'Angelus. — Poids : 866 kilos 500 ; note : *mi bémol* ; noms : Marie ; parrain : M. Jean-Baptiste Berset de Vaufleury, chevalier de Saint-Louis ; marraine : Mme veuve Duchemin de Vaubernier, née Marie-Françoise Leclerc de la Provoterie. Bénite le même jour que la précédente. Dédiée à Marie conçue sans péché.

Petite cloche. — Poids : 501 kilos ; note : *sol bémol* ; noms : Thugal-Adèle ; parrain : M. Jacques-Ambroise Duchemin de Villiers, ancien président du Tribunal de Laval ; marraine : Mme

Adèle Frin de Cormeré, épouse de M. Pierre-Marie-Joseph Courte de la Goupillère. Bénite le même jour que les deux précédentes. Dédiée à Saint-Thugal.

Cette dernière cloche ne sonne pas avec le bourdon; elle forme avec les trois autres cloches un accord parfait majeur dont la grosse cloche est la base; cette sonnerie est brillante.

On supprime la petite cloche quand le bourdon parle. La sonnerie, alors très imposante, est du mode mineur.

MONUMENT HISTORIQUE. — L'église de la Trinité a été classée au rang des monuments historiques en 1840.

Église restaurée de N.-D. d'Avénières

NOTRE-DAME D'AVÉNIÈRES (¹)

HISTOIRE. — La tradition rapporte que **Guy II**, seigneur de Laval (1020-1067), passant un jour à cheval sur le pont qui traversait la Mayenne au-dessous de son château, tomba dans le fleuve avec son destrier. Entraîné par le courant très rapide, il devait inévitablement périr, mais grâce à la protection de la Vierge qu'il invoqua en ce suprême danger, il aborda sain et sauf en un champ d'avoine.

Là, s'élevait la petite église des Avénières que les barbares avaient détruite cent cinquante ans auparavant et qu'Yves II, père de Guy, avait relevée de ses ruines. (2) Celui-ci y pénétra et promit devant la statue de la Madone — la même que celle qui est aujourd'hui au-dessus du maître-autel de la basilique — de bâtir en ce lieu même, un temple magnifique en l'honneur de la Mère de Dieu.

---

(1) Nous adoptons l'orthographe *Avénières* qui est celle qu'emploie le clergé et qui paraît plus conforme qu'*Avesnières* à l'étymologie *avena*, avoine, d'où vient le nom de l'église.

(2) Une vieille construction du XI° siècle située au midi du chœur serait, selon quelques auteurs, cette primitive église.

Il tint parole, car, vers l'an 1040, il jeta les fondements de l'église actuelle. Le déambulatoire et les chapelles rayonnantes paraissent avoir été construits sous Guy II.

Ses successeurs continuèrent son œuvre ; c'est ainsi que la partie inférieure du chœur est de la seconde moitié du XIIe siècle, et que le deuxième et le troisième étage de ce même chœur furent élevés au commencement du XIIIe.

En 1040, Guy II fonda également et dota le prieuré d'Avénières dont il confia la direction à sa fille Agnès de Laval, de l'abbaye du Ronceray d'Angers. La prospérité de l'église assura l'avenir du prieuré, celui-ci dut s'étendre et faire construire une chapelle à Bonchamp et une autre à Saint-Pierre le Pottier.

L'église et le prieuré vécurent ainsi tranquillement, côte à côte, le XIIIe et le XIVe siècle.

Au commencement du XVe siècle, les Anglais dévastaient la province du Maine ; vers 1434, le Comte d'Arundel y promenait le fer et le feu. Or, les habitants d'Avénières se sentant menacés, transportèrent dans leur église tout ce qu'ils possédaient de précieux, espérant ainsi arracher leur bien à la cupidité de l'ennemi : précaution funeste, car le vieux sanctuaire fut entièrement saccagé, et l'incendie vint en détruire les deux travées occidentales.

La possession de l'église fut dès lors disputée aux religieuses par les habitants qui en réédifièrent eux-mêmes la partie brulée et achevèrent la restauration en 1485.

En 1534, l'architecte Jamet Neveu, construisit la tour et le clocher de pierre.

Le premier orgue d'Avénières fut l'œuvre du facteur Florentin Lusson, en 1590. On en remarquait le buffet dont le *papotier* est resté légendaire (1).

L'ouragan qui, en 1701, ébranla l'église de la Trinité, enleva une partie de la nef et seize pieds de la flèche en pierre.

Pendant la révolution, l'église ne fut point profanée, mais seulement fermée. Le directoire de la Mayenne en autorisa la réouverture par décrets des 28 Avril et 1ᵉʳ Mai 1795, mais elle ne fut réellement rendue au culte que le 4 Mai 1800.

Le 6 Août 1816, les restes de 14 prêtres guillotinés sur la place du Palais, à Laval, et jetés dans une fosse commune aux Landes de la Croix-Bataille, furent exhumés et transportés, trois jours après, dans l'église d'Avénières où un mausolée en marbre rappelle leur nom et leur martyre.

Dès 1852, d'importantes réparations furent exécutées dans l'intérieur de l'édifice, au chevet et au pignon du transept nord, en vue des fêtes auxquelles devait don-

---

(1) Ce buffet d'orgue est visible au premier étage de la sacristie. Quant au *papotier*, il est en la possession de M. Louis Garnier, architecte à Laval.

ner lieu l'érection de Laval en évêché. En effet, Mgr Wicart choisit le vieux sanctuaire pour y proclamer le dogme de l'Immaculée-Conception et y consacrer tout le diocèse à Marie Immaculée.

En 1859, sous la direction de M. Renous, architecte à Laval, les formes architecturales de l'édifice furent dégagées des superfétations dont les avaient chargées le goût de diverses époques, et rendues à leur primitive beauté : la nef notamment fut débarrassée des lourds autels adossés à ses piliers.

C'est dans le temple, ainsi intelligemment restauré, qu'eut lieu, le 6 mai 1860, la fête grandiose du couronnement de la statue vénérée de Notre-Dame d'Avénières.

Les deux travées incendiées par les Anglais et réédifiées à la hâte par les habitants, menaçaient ruine depuis longtemps ; de plus, elles n'étaient pas à la hauteur de la première ; en outre, cette partie de l'édifice n'était point voûtée ; enfin le grand portail occidental demandait une réfection complète. Il appartenait à M. l'abbé Hélie, curé d'Avénières, depuis archiprêtre de la Cathédrale, de mener à bien la difficile tâche d'unifier le style de l'église par la construction de deux nouvelles travées, de la voûte et du seul portail du monument. Ce travail commencé en 1883, fut dirigé par M. Hawcke, architecte à Laval, sur les plans de M. Lambert, architecte du Gouvernement ; les deux parties, désormais uniformes de l'église, furent réunies le 15 Août 1885.

Le 20 Janvier 1871, les Allemands étaient aux portes de Laval.

La population morne et anxieuse se pressait, dans l'église et vers les abords, à la suite de son évêque. Le prélat monta en chaire : de là, dominant la foule compacte et inclinée, il fit, devant la statue séculaire, au nom de tout son peuple, le vœu solennel de reconstruire la flèche de la basilique, si l'ennemi respectait la ville ; or, quelques jours après, l'armistice était signé.

A la suite de ce vœu, la flèche en pierre fut refaite en entier, d'après les plans de M. Lambert, sur le modèle de la première dont elle est la fidèle reproduction (1874-1876).

Le sanctuaire d'Avénières a été, de tous temps, un lieu de pèlerinages très-fréquenté. Il fut pourvu, dès l'origine et successivement dans le cours des siècles, d'importantes faveurs spirituelles par les papes Innocent III (1207), Grégoire XV (1626), Urbain VIII (1653), Pie IX (22 Août 1856 et 15 Mars 1859). Des faits miraculeux ont, maintes fois, justifié l'empressement des foules à venir prier aux pieds de la Vierge. Chaque année, au mois de Mai, les paroisses des alentours se donnent rendez-vous dans l'antique basilique, et le 15 Août, le clergé de toutes les paroisses réunies de Laval y vient processionnellement et en grande pompe.

EXTÉRIEUR — L'édifice affecte la forme d'une croix latine, orientée selon les prescriptions de l'âge apostolique : le chœur est donc tourné à l'orient, la nef à l'occident et les bras de transept au nord et au midi.

La façade élevée en forme de pignon montre, au-dessus de la voussure de la porte, d'intéressants bas-reliefs représentant, au centre, le *Couronnement de la Vierge*, à gauche, le *Sauvetage miraculeux de Guy II*, à droite, la *Scène du Vœu* du 20 Janvier 1871.

Deux niches engagées dans les contreforts ont reçu deux statues d'évêques : celle de gauche représente *Mgr Wicart*, tenant en ses mains l'église d'Avénières restaurée ; celle de droite, *Mgr Cléret*, sous l'épiscopat duquel ces bas-reliefs ont été sculptés. Ils portent la signature et l'inscription : Victor Bariller, sculpsit, Angers 1890.

Les deux contreforts de la façade sont surmontés d'animaux apocalyptiques présentant ces inscriptions sur un cartouche :

A droite :

Démolition MDCCCLXXXIII ;

A gauche :

Reconstruction MDCCCLXXXIV - MDCCCLXXXV.

Le côté gauche de la nef, percé de 3 fenêtres de plein-cintre, a reçu un collatéral éclairé par 6 petites fenêtres. Des arcs-boutants, correspondant à chaque travée intérieure, chevauchent entre les murs de la nef et du collatéral.

Le côté droit de la nef n'a rien qui le distingue du précédent.

La sacristie a été construite, à la suite du transept gauche, dans le style général de l'édifice, en 1863-1864, par M. Renous, architecte départemental.

Le clocher de pierre, mélange d'imitations grecques et de réminiscences gothiques, a été reconstruit de 1874 à 1876 sur les plans de M. Lambert, architecte, exactement sur le modèle de la flèche précédente, élevée au XV⁰ siècle par Jamet Neveu.

Le chevet de l'église, percé de trois fenêtres, et accosté de cinq chapelles absidales, éclairées chacune par trois petites fenêtres, paraît à certains archéologues antérieur au XIIᵉ siècle.

INTÉRIEUR. — Il comporte une nef de trois travées à deux collatéraux.

La longueur totale de l'édifice est, en dedans, de 50 mètres ; la longueur du chœur, de 12 mètres ; la largeur totale 18 mètres 25 ; largeur de la grande nef 7 mètres 60 ; largeur générale de la croisée 33 mètres.

NEF.—Sous la Tribune, adossées au mur de la façade, sont deux statues colossales en bois : à droite celle de *Saint-Christophe*, à gauche, celle de *Saint-Sauveur*.

La première fut sculptée en 1580. Le saint a **3** mètres 30 de hauteur, ses pieds sont longs de 50 centimètres, son bâton mesure 4 mètres de haut. Une tradition locale dit que les jeunes filles qui piquent une épingle dans le talon de Saint-Christophe se marieront dans l'année. Une autre tradition rapporte que la statue fut faite avec le tronc d'un poirier, abattu sur la fe me du Gravier, en la commune d'Avénières.

La statue de Saint-Sauveur représente le Christ montant au Ciel. Bien antérieure au XVI⁰ siècle, elle mesure 2 mètres 80 de haut ; les pieds du saint ont 40 centimètres de longueur.

Près de Saint-Christophe, est une statue en bronze de Saint-Pierre, reproduite par Froc-Robert, de Paris, d'après la statue de Saint-Pierre de Rome. Placée le 7 Mars 1886, elle est l'objet de la vénération des fidèles : l'extrémité du pied droit s'use sous les pieux baisers.

Grand Orgue électrique de 24 jeux, construit en 1895, par M. Debierre, de Nantes. Le buffet encadre la grande verrière du portail ; la soufflerie, puissante de 10.000 litres d'air, est placée sur les combles du latéral de gauche.

La **Verrière centrale** dessinée par Delalande, exécutée par Champigneulle, de Bar-le-Duc, représente dans trois médaillons : La Pentecôte, l'Assomption et le Couronnement. Large et belle bordure, dessins pittoresques, d'un beau sentiment du moyen-âge.

La Chaire à prêcher qui est à elle seule tout un poëme, est l'œuvre de M. Cosnard, artiste sculpteur, au Mans ; exécutée d'après le plan conçu par MM.

Bruneau, supérieur du Grand-Séminaire du Mans et Maussion, aumônier du Sacré-Cœur de Laval; inaugurée le 28 Juin 1868. Don de Mme Tessé.

ORNEMENTS DE L'ESCALIER : Au-dessus de la pile, sur le globe terrestre, est le serpent tenant le fruit défendu, le pied de la Croix l'écrase.

Autour de la pile : Adam, Noë, Abraham, Jacob.

Sur la rampe sont les lettres initiales des XII tribus avec les figures symboliques rappelant la prophétie de Jacob mourant :

Ruben, symbolisé par un *Lion couché*,

Siméon et Lévi, par un *Vase brisé*, un *Glaive* et un *Encensoir*,

Juda, par un *Sceptre* et un *Lion vigoureux*,

Issachar, par un *Ane robuste*,

Zabulon, par un *Vaisseau*.

Une *Balance*, figure Dan,

Un *Cerf*, Nephtali.

L'*Olivier* et le *Pain* représentent Aser.

Une *Chaîne*, un *Flambeau* et un *Livre* symbolisent Joseph.

Enfin un *Loup* figure Benjamin.

ORNEMENTS DE LA COLONNE QUI PORTE LA CHAIRE. — Autour sont sculptés les XII petits prophètes tenant chacun en main sa plus remarquable prophétie :

Osée : *O mort, je serai ta mort ;*

Joël : *Le Seigneur fixera dans Sion sa demeure ;*

Amos : *Je les planterai en la terre* (promise) ;

Abdias : *Et le Seigneur aura son règne ;*

Jonas : *Ninive sera détruite ;*

Michée : *Et toi, Bethléem, tu es petite,* etc. ;

Nahum ; *Je t'ai affligé, mon peuple, mais tu as fait* pénitence ;

Habacuc : *Je me réjouirai en Dieu, mon Jésus ;*

Sophonie : *Mon peuple, le Dieu fort est au milieu de toi ;*

Aggée : *Il viendra le désiré des Nations ;*

Zacharie : *Voici que ton Roi viendra ;*

Malachie : *Le Seigneur viendra bientôt en son Temple.*

Au dessous de la colonne sont des Sybilles :

La Sibylle de Perse tient une lanterne à la main ;

—   de Lybie porte un flambeau ;

—   Hellespontine voit la Vierge sous la figure d'une fleur ;

—   de Cumes tient un berceau sur ses bras ;

—   de Samos porte une croix et une couronne d'épines ;

—   de Phrygie porte un étendard.

ORNEMENTS DE LA CHAIRE. — Au-dessus des Sybilles, sur la partie inférieure, sont figurées les Vertus cardinales :

La *Justice :* Une mère qui donne un soin égal à ses enfants ; la *Mitre* et la *Couronne* représentent l'autorité religieuse et l'autorité civile.

La *Tempérance :* Une Colombe ; elle donne la

Vélocité et la *Santé*, figurées par les *Flèches* et les *Poissons.*

La *Prudence :* Le Serpent ; elle engendre la *Vigilance* et la *Sécurité*, symbolisées par un *Coq* et une *Forteresse.*

La *Force :* Un Éléphant armé en guerre ; la *Majesté* et le *Travail* l'accompagnent, figurées par le *Sceptre* et *une ruche d'Abeilles.*

Autour de la Chaire, quatre grands sujets :

1º Dieu donnant à Moïse la loi sur le Mont Sinaï ;

2º Saint-Jean-Baptiste prêchant dans le désert ;

3º Le Sermon de Jésus sur la montagne ;

4º La Pentecôte.

Entre ces quatre sujets, sur les angles de la Chaire : les quatre grands Prophètes et leurs prédictions principales :

Isaïe : *Une Vierge concevra.....!*

Jérémie : *Une femme vierge portera dans son sein,.......*

Ezéchiel : *Je leur susciterai un Pasteur !*

Daniel : *Plusieurs parcourront le livre et auront beaucoup de science.*

Puis, Saint-Jean Précurseur : *Préparez la voie.*

ORNEMENTS DE L'ABAT-VOIX. — Sur la face du milieu de l'hexagone :

Le Christ en croix ; à sa gauche, la *Religion* recueille son sang, à sa droite, la *Synagogue* fuit les yeux bandés.

Sur les faces de gauche : *Samson* déchirant le lion et l'arbre stérile avec la cognée engagée dans sa racine.

Sur les faces de droite : *Saint-Michel* terrassant le démon, et le *bon arbre* portant de bons fruits.

Sur les angles, sont les *emblèmes* des quatre évangélistes et de deux docteurs de l'Eglise :

L'*Homme* désigne Saint-Mathieu, le *Lion* Saint-Marc, le *Bœuf* Saint-Luc, l'*Aigle* Saint-Jean ;

Saint-Augustin est figuré par un *Cœur* ;

Saint-Thomas d'Aquin par un *Calice* et une *Hostie*.

Au dessus du dôme de l'abat-voix :

Une colonne figurant l'Eglise.

Dans cette colonne, les douze apôtres portant chacun gravé sur une banderolle l'article du symbole qu'il a composé :

Saint-Pierre : *Credo in Deum*... ;

Saint-Jean : *Et in Jesum*... ;

Saint-Jacques-le-Majeur : *Qui conceptus est*... ;

Saint-André : *Passus sub Pontio*... ;

Saint-Philippe : *Descendit ad inferos*... ;

Saint-Thomas : *Tertia die resurrexit*... ;

Saint-Barthélemi : *Ascendit ad cœlos*... ;

Saint-Mathieu : *Inde venturus est*... ;

Saint-Jacques-le Mineur : *Credo in spiritum*... ;

Saint-Simon : *Sanctam Ecclesiam*... ;

Saint-Thadée : *Remissionem peccatorum*... ;

Saint-Mathias ; *Carnis resurrectionem*... ;

Au-dessus des Apôtres se tiennent les trois vertus Théologales :

La Foi figurée par la Croix ;

L'Espérance par une Ancre ;

La Charité par un Cœur enflammé.

Enfin, au sommet, se tient Jésus-Christ montrant le Ciel.

BAS COTÉ GAUCHE. — **Chemin de Croix** en carton pierre polychromé, en relief, par Chovet de Paris, 1881.

Vitraux dessinés par Delalande, exécutés par Champigneulle de Bar-le-Duc, 1885.

Chacune des 6 petites fenêtres romanes a reçu une verrière également de style roman, de ton clair, avec ornementation en grisailles et une scène de la vie de la Vierge et du Christ dans un médaillon central.

1. Annonciation ; 2. Visitation ; 3. Naissance de Jésus ; 4. Présentation au Temple et prédiction de Siméon ; 5. Jésus retrouvé au milieu des Docteurs ; 6. Jésus au Jardin des Oliviers.

Au pied de chaque verrière est le nom, le chiffre ou l'écu des donateurs.

BAS COTÉ DROIT. — Suite du **Chemin de Croix** en carton pierre polychromé, en relief, par Chovet de Paris, 1881.

Vitraux des petites fenêtres romanes — mêmes artistes que du côté gauche.

1. L'Ascension. — 2. La Résurrection. — 3. Le Christ en croix. — 4. Le Portement de la Croix. — 5. Le Couronnement d'épines. — 6. La Flagellation.

TRANSEPT DE GAUCHE. — Contre le mur de côté : **Saint-Michel** en chevalier terrassant le dragon. Cette statue est ancienne et probablement en terre de Thévalles.

Autel du Sacré-Cœur en cul-de-four.

L'autel, contemporain du vieil édifice, est formé par un massif triangulaire, et la table elle-même est soutenue par deux colonnes. Il en existe de semblables surtout en Normandie. Cette pierre angulaire figure l'ancien et le nouveau Testament ou encore les deux natures divine et humaine réunies en la personne du Sauveur.

La Vierge aux Donateurs copie d'un tableau de Van-Dyck, inscrit à la collection du Louvre sous le n° 137. Hauteur 2 mètres 50 ; largeur 1 mètre 85. Figures de grandeur naturelle. Don de Mme Salles, auteur de la copie.

TRANSEPT DE DROITE. — **Notre-Dame de Pitié,** triptyque attribué à Simon Hemss (1539), qui peignit les verrières de N.-D. des Cordeliers en cette ville(1). A gauche, Saint-Simon, debout, tenant une scie, instrument de son supplice, et un homme vêtu de noir et à genoux ; de sa bouche sort cette légende : *O mater pietatis, intercede pro nobis.* A droite, un évêque auréolé, debout, avance la main vers un homme à genoux,

---

(1) M. Queruau-Lamerie pense que ce triptyque pourrait être l'œuvre d'un castrogontérien, Simon Hayneuve.

vêtu de noir et tenant une aumônière. Sur une banderolle on lit : *O Maria dolorosa, pro nobis filium ora.*

Jésus devant ses Juges, assez ancien tableau, signé des lettres C. A. P. entrelacées en chiffre. Au-dessous de chacun des nombreux personnages est une légende explicative de l'accusation portée par lui contre le Christ. Sainte-Scolastique qui se tient à genoux au bas du tableau, représente très probablement la donatrice. On dit qu'il n'existe qu'un autre tableau semblable à celui-ci.

Sous la fenêtre du pignon : **Mausolée** en marbre noir : Tombeau en forme d'autel, surmonté d'un retable et d'une pyramide qui s'en dégage, au haut de laquelle est posée une urne en marbre blanc ; sur la pyramide sont inscrits les noms des 14 prêtres martyrs, dont les cendres reposent en ce lieu (1).

La **Verrière** du pignon dessinée et exécutée par les artistes déjà cités, représente la Vierge des Martyrs. Quatre martyrs pontifes, prêtres et vierges sont agenouillés devant la Madone des Sept Douleurs.

Chapelle Sainte-Anne.— Autel et retable commencés par Anne de Rougé, prieure d'Avénières (1643) et achevés par sa sœur Urbaine, également prieure (1654). Les deux chiffres entrelacés UB et DR désignent clairement le nom d'UrBaine De Rougé.

---

(1) L'un de ces martyrs était Louis Gastineau, dernier chapelain des forgerons du Port-Brillet, né à Loiron, le 11 Novembre 1727, de Jean et de Julienne Beaumesnil ; cousin de Joseph Beaumesnil, adversaire déclaré du jansénisme à Laval ; arrière-cousin de dom Piolin, bénédictin de Solesmes ; arrière-grand-oncle de l'auteur de ce *Guide.*

CHŒUR. — Il se compose de sept arcades ogivales soutenues par de gros piliers. Au-dessus, le *triforium* composé de douze arcatures de plein-cintre. Sept fenêtres également à plein-cintre s'ouvrent avant la naissance de la voûte. Celle-ci est formée d'une seule travée supportée par des nervures cylindriques et une demi-calotte sphérique.

Sculptures curieuses des chapiteaux représentant des monstres divers ; l'un d'eux — premier pilier à droite — représente des oiseaux qui semblent picoter des crânes humains. M. Palustre voit là un symbole de la paresse suivant le proverbe italien : les oiseaux dévoreront la cervelle des paresseux.

Maître-autel en pierre blanche, situé au fond du chœur, exécuté en 1860 par M. Cosnard, d'après les traditions du XIIe siècle, sur le plan modifié de l'autel de Saint-Martin d'Ainay, à Lyon. L'exposition a été ajoutée à ce plan. Le tombeau est décoré au-devant par cinq arcatures formant niche, au centre desquelles est assis le Christ, à gauche : Abel le Juste et le Pontife Aaron, à droite : Abraham et Melchissédech. De chaque côté, en retour, se tient un ange à l'encensoir.

Statue miraculeuse de la Vierge, placée au-dessus du Maître-autel, haute d'environ deux pieds. La tête est en bois, le reste en pierre. On la revêt d'ornements plus ou moins précieux, suivant le degré des solennités. Entourée de riches ex-voto, notamment de deux croix de la Légion d'honneur.

Vitraux.— Le vitrail du milieu montre Mgr Wicart présentant une supplique à Pie IX pour obtenir le Couronnement de N.-D. (1860).

Médaillon de gauche : *Saint-Simon Stock*, recevant le scapulaire ;

Médaillon de droite : *Saint-Dominique*, recevant le rosaire (Champigneulle, 1885).

Déambulatoire.— Au-dessus, règne la galerie du triforium, mais elle est fermée.

Coté Gauche. — *Chapelle I :* **Saint-Bonaventure,** patron des fabricants, autel donné par MM. les Fabricants de Laval.

Chapelle II : **Saint-Jacques-de-Compostelle,** autel donné par M. Chamaret, ancien maire d'Avénières. Vitrail : *Mater amabilis.*

Coté Droit. — *Chapelle I :* **Saint-Joseph.** Vitrail moderne non signé : *Saint-Joseph.*

Chapelle II : **Saint-Pierre.** Vitrail : *Saint-Jean.*

Chapelle du Chevet : **La Vierge de Douleurs,** autel triangulaire présentant en façade la pointe d'angle et de chaque côté deux colonnettes. Vitrail : *Jésus portant sa croix.* Les trois vitraux, genre XIIe siècle, sont signés Lusson et Bourdon de Paris (1855).

Les chapiteaux du Déambulatoire, comme ceux du Chœur, sont ornés de sculptures bizarres. Sur la première des trois colonnettes à droite de la chapelle du chevet, des fleurs-de-lys sont sculptées sur le chapiteau, fait très-rare pour l'époque.

CLOCHES. — **Grosse cloche**. — Poids : 1.500 kilos ; noms : Victoire-Marie-Jules ; parrain : M. Jules-Bernard Dutreil, conseiller de Préfecture ; marraine : Dame Victoire-Marie des Champs de Saint-Julien, épouse de M. le Baron A. de Boutray. Bénite par M. Langlois, curé, le 6 Août 1836. Bénite, une deuxième fois par Félix-François Pinçon, curé, le 9 Août 1855. (Fondue par Burnel, au Bourg-Hersent ; brisée en 1854, refondue en 1855 par Bollée, au Mans).

Cloche dite de l'Angelus. — Poids : 750 kilos ; noms : Pierre-Renée-Anne ; parrain : Pierre-René Bouvier (donnée par lui) ; marraine : Anne-Françoise Chaplet, sa nièce. Bénite par Pierre Toussaint, curé de Fromentières, 1836. — Langlois, curé ; Verger, vicaire ; Billion, maire. (Fondue par Burnel).

Petite cloche. — Poids : 350 kilos ; noms : Pauline-Marie ; parrain : Pierre-Joseph Courte de la Goupillère ; marraine : Dame Pauline Bucher, épouse de Etienne Carré du Rocher. Bénite par Noël Changeon, curé de Saint-Vénérand, chanoine honoraire du Mans, le 18 Décembre 1827. (Fondue par Burnel).

MONUMENT HISTORIQUE. — L'Eglise d'Avénières a été admise au nombre des Monuments historiques en 1840.

NOTRE-DAME DES CORDELIERS

HISTOIRE. — Après une brillante carrière militaire, Guy XII, seigneur de Laval, de concert avec sa femme, Jeanne de Laval, veuve en premières noces du célèbre connétable Bertrand du Guesclin, s'appliqua uniquement aux œuvres de piété ; ils firent ensemble des fondations religieuses importantes.

Vers 1397, ils appelèrent à Laval les frères mineurs conventuels, dits Cordeliers. Dans la bulle par laquelle il ordonnait aux abbés de Clermont et de Bellebranche de faire les informations ordinaires, Benoît XIII déclara qu'il ne demanderait le consentement ni de l'évêque du Mans, ni d'aucun autre dignitaire.

Après avoir désintéressé les bénédictins de Saint-Martin, le prieur de Pritz et les curés de la Trinité, Guy XII fit construire les bâtiments conventuels et l'église.

C'est celle-ci qui subsiste encore aujourd'hui. Elle fut bénite en 1407, par Adam Chastelain, évêque du Mans, sous l'invocation de Saint-Sébastien, mais les fidèles en considéraient Saint-François comme le patron.

Le cloître et le réfectoire de ce couvent **étaient** magnifiquement décorés de colonnes, de statues de marbres et de peintures d'une grande beauté.

Les fenêtres du réfectoire étaient ornées de vitraux exécutés en 1539, par un peintre flamand, Simon Hemss (1).

En 1547, un frère Cordelier, fils d'un architecte d'Orléans, avait découvert, sur les bords du Vicoin, près de Saint-Berthevin, le marbre rouge dont le cloître et l'église des Frères Mineurs furent abondamment pourvus.

On peut juger de l'importance de l'édifice par le fait suivant :

En 1809, les colonnes de marbre rouge du cloître furent enlevées de Laval et transportées à Paris, pour servir d'ornements au somptueux palais que le cardinal Fesch se faisait construire dans la rue du Mont-Blanc.

En 1465, le roi René qui avait épousé en secondes noces Jeanne de Laval, fait don à l'église des Cordeliers d'un tableau qu'il avait peint lui-même et qui représentait N.-S. portant sa croix. (Nous n'avons retrouvé aucune trace de ce tableau.)

De 1482 à 1484, 30 religieux meurent de la peste, en soignant les victimes du fléau.

En 1505, les Franciscains de Laval obtiennent les honneurs du Chapitre général de leur ordre. Plus de 400 religieux se trouvent réunis dans la ville : à cette occasion, le comte Guy XVI et tous les bourgeois et marchands leur font de généreux dons.

Le 24 août 1670, une grêle affreuse détruit complète-

---

(1) Dom Piolin écrit : Simon Hérasse.

ment les vitraux du réfectoire. Comme, à cette époque, on avait généralement renoncé à la peinture sur verre et qu'on en croyait le secret perdu, les fenêtres furent garnies d'une vitrerie blanche et restèrent en cet état jusqu'à la Révolution.

En 1714, Laval voit de très brillantes cérémonies religieuses, dans l'église des Cordeliers, pour la canonisation de Saint-Félix de Cantalice.

En 1733 et 1753, les Franciscains tiennent encore leurs chapitres généraux dans la Maison de Laval.

Le couvent des Cordeliers produisit de grands fruits d'édification jusque vers la moitié du XVIIIe siècle, et conserva intacte sa réputation de régularité. A la fin du XVIIe siècle, les religieux y étaient encore au nombre de 60.

Le lundi 28 juin 1790, eut lieu, dans l'église des Cordeliers, l'Assemblée pour l'élection des Administrateurs du département de la Mayenne ; 265 électeurs prirent part aux opérations qui durèrent jusqu'au 7 juillet. Pierre Sourdille de la Valette fut élu président.

Le P. Lemonnier, gardien du Couvent, y fit une déclaration patriotique dans le nouvel esprit.

Quelques semaines après, les habitants du quartier de Saint-Martin signèrent une pétition à l'Assemblée Constituante pour obtenir la conservation du monastère des Cordeliers, qui leur rendait, disaient-ils, les plus grands services spirituels et temporels. Les magistrats refusèrent d'admettre cette pièce et de la faire passer à l'Assemblée. Les Membres du directoire s'emparèrent peu après d'une partie des bâtiments de la Communauté et s'y établirent (7 octobre 1790).

Le 22 décembre, la Maison des Cordeliers fut désignée par le Conseil Général pour recevoir l'évêque, Michel des Vauxponts, et le Séminaire, mais l'installation n'eut pas lieu.

En 1791, l'Assemblée Constituante qui supprimait des paroisses dans tout le diocèse du Mans, créa, au contraire, à Laval, la paroisse de Notre-Dame avec les Cordeliers pour église.

Au commencement de 1792, la comparution quotidienne des Membres du clergé eut lieu, pour la première fois, dans cette église, jusqu'au 15 Avril, époque à laquelle l'édifice fut affecté au service de la paroisse de Grenoux. Néanmoins, le directoire occupa l'église jusqu'au 26 Juin.

Le 20 Juin 1792, sous la pression de l'émeute, les Membres du directoire du Département auxquels étaient joints les Membres du district, rendirent un décret aux termes duquel tous les ecclésiastiques non assermentés, présents à Laval, étaient tenus de se rendre, le jour même, avant huit heures, dans les maisons des ci-devant Capucins et Cordeliers, qui leur étaient désignées pour s'y loger.

L'évêque de Dol (1) et ses deux vicaires généraux se renfermèrent des premiers dans le couvent des Cordeliers ; 180 prêtres détenus les y suivirent.

Le 23 Août, les ecclésiastiques enfermés aux Capucins furent réunis aux captifs des Cordeliers, en élevant ainsi le nombre à près de 400. Le curé du Bourgneuf-la-Forêt, Pierre Delboy, ancien curé de Montauban, mourut dans l'église pendant cette captivité.

Bientôt la déportation vint éclaircir les rangs des

____

(1) Mgr de Hercé.

prêtres détenus et l'église fut complètement vide en octobre 1792.

La maison conventuelle fut peu après convertie en caserne ; elle a gardé jusqu'à ce jour cette destination sous le nom de *Caserne Corbineau*.

L'église servit quelque temps de magasin, mais, au mois d'octobre 1800, le ministre de la guerre accorda aux catholiques la jouissance provisoire de l'ancienne église des Cordeliers.

Alors commencèrent d'actifs travaux d'appropriation qui durèrent trois mois : on avait à refaire entièrement le pavé, à remettre les vitres dont il ne restait que des débris, à recrépir les murailles complètement dégradées, à réparer les rétables tout délabrés, et à restaurer les autels qui n'avaient plus ni marchepieds, ni balustrades. Des quêtes furent faites dans la ville pour couvrir les frais de ces travaux : elles produisirent environ 6.000 livres.

Le samedi 31 janvier 1801, l'église fut réconciliée, et, le lendemain, on put y recommencer l'office divin. Ce jour-là, l'église fut dédiée à la Sainte-Vierge et on l'appela *Notre-Dame* ; Saint-François fut choisi comme patron secondaire.

C'est grâce au zèle de M. Leveau, ancien curé de la Gravelle, lequel, huit mois auparavant, avait rendu au culte l'église d'Avénières, que celle des Cordeliers fut enfin rouverte aux catholiques.

Jusqu'au 22 août 1802, la paroisse de la Trinité dont le temple était resté fermé, fut desservie par l'église de Notre-Dame. Il est vrai que, pour ce ministère étendu, le clergé des Cordeliers ne manqua point de prêtres, car ceux-ci, rentrant de l'exil, se réfugiaient volontiers dans la paroisse en attendant qu'un poste leur fût assigné. On compta jusqu'à 21 de ces auxiliaires.

Un décret de Napoléon Ier,du 23 Janvier 1806,détacha définitivement l'église de Notre-Dame du ministère de la guerre ; dès lors, la possession de l'église ne fut plus contestée par le Gouvernement.

Tout le centre populeux, au milieu duquel se trouvait l'église des Cordeliers, devenant de plus en plus considérable, et la paroisse de la Trinité,de laquelle il faisait partie, se trouvant par là même fort étendue, Mgr de la Myre résolut de faire ériger cette église en paroisse.

Sur sa demande, une ordonnance royale, du 5 Mars 1826, érigea l'église de Notre-Dame en succursale, et en cure de deuxième classe, le 10 Décembre 1828. La délimitation provisoire qu'on fit alors du territoire de la paroisse (1) fut maintenue définitivement,après avis du Conseil municipal de Laval (1er Mai 1829), par ordonnance de Mgr Carron, du 24 Septembre 1830.

M. l'abbé Mézerette fut le premier curé de cette paroisse, avec traitement personnel de curé de première classe.

L'église N.-D. des Cordeliers a été, depuis qu'elle est rendue au culte,l'objet d'agrandissements et d'embellissements importants; nous en joindrons l'historique à la description qui va suivre.

---

(1) A cause de la pauvreté de plusieurs de ses quartiers, on appelle assez communément cette paroisse, la *Penille*, nom d'une étoffe de laine grossièrement tissée.

EXTÉRIEUR. — Le **Parvis** par lequel on accède à l'église s'appelle encore la *Cour des Cordeliers*.

C'était autrefois une dépendance du couvent auquel on arrivait par cette cour, en passant entre deux chapelles aujourd'hui détruites.

L'édifice est de forme rectangulaire avec chevet droit. Il est orienté, dans le sens de sa longueur, du Nord-Ouest au Sud-Est.

Sept chapelles présentant autant de pignons uniformes, composent le côté gauche qui regarde la ville en N.-N.-E. Le côté droit qui avoisine la caserne, est également formé de sept chapelles semblables.

Le **Chevet droit** consiste en une magnifique fenêtre gothique à six lancettes, dont les baies sont bouchées pour l'utilité de l'intérieur, mais dont les meneaux dessinent fort bien tous les reliefs.

(Pour visiter, s'adresser au sacriste.)

Un **Portail unique,** débouchant sur le parvis, s'ouvre dans un huitième pignon en tout semblable aux précédents. Ce portail de plein-cintre, dont les jambages comportent deux colonnettes à chapiteaux corinthiens, est en granit dans ses assises et, dans sa partie supérieure, en pierre blanche à surfaces plane et convexe, alternant ensemble.Une ancienne statue de la Vierge occupe la niche supérieure.

Cette modeste façade (¹), fut plutôt l'entrée commune du couvent qu'une porte particulière pour l'église ; elle sert aujourd'hui exclusivement d'entrée principale à celle-ci par **le chapitreau.**

On appelle de ce nom, en terme local,le spacieux vestibule qui précède l'église. Sa porte extérieure paraît remonter à l'origine de l'édifice. Sur un panneau à gauche, se voit une sculpture usée, représentant le Christ sous un dais ; à droite, sur un autre panneau, existe un Saint-François également fort détérioré.

Sur le battant de droite de la porte intérieure qui donne accès direct à l'église, on lit, en haut, très-obscurément, la date de 1615.

---

(1) M. le chanoine Furet, curé de la paroisse, a déjà recueilli des dons et legs pour la construction d'une nouvelle façade avec tours.

INTÉRIEUR. — Il se compose d'une nef unique et de deux collatéraux.

La Nef, magnifique vaisseau, mesure 53 mètres 30 de longueur, avec une hauteur sous voûte de 17 mètres environ.

Les collatéraux ont chacun 6 mètres 15 de largeur, de sorte que la largeur totale de l'édifice est de 23 mètres 10.

NEF CENTRALE. — Elle comporte sept travées paraissant, au premier coup d'œil, également espacées, mais, en réalité, inégales de mesure. Il est à remarquer que plus les travées s'avancent vers le chœur, plus l'intervalle augmente entre les piliers. Ainsi, la 2e travée mesure 6m25, la 3e 6m45, la 4e 6m80, la 5e 6m85, la 6e 6m95, la 7e 7m45.

La **Voûte actuelle** en briques, soutenue par de nombreuses et élégantes nervures, et ornée de pendentifs peints, fut édifiée en 1865, par Renous, architecte à Laval.

Elle remplace l'**ancienne voûte** qui menaçait ruine, mais qui existe encore à un mètre au-dessus de la précédente.

En 1638, un frère de l'ordre de Saint-François, nommé François Baubrun, restaura et renouvela les portraits peints par Simon Hemms, sur les lambris de cette voûte. Le détail de ces peintures historiques existe dans les Chroniques de l'église de Notre-Dame.

Il serait à souhaiter que ce qui reste de ces lambris fût conservé en lieu sûr, à l'abri de la destruction.

La **Tribune** fut élevée en 1838. La menuiserie en fut confiée à M. Raimbault, de Laval.

L'Orgue comprend 13 jeux ; construit par M. Sergent, organiste de l'église Sainte-Marguerite et facteur d'orgues, à Paris ; il fut inauguré le 1er Août 1851.

La **Fenêtre ogivale** que l'on voit au-dessus de l'orgue, possède encore, à peu près, sa vitrerie d'origine.

La **Chaire** exécutée en 1873 par M. Madiot, ébéniste à Laval, fut placée en 1876.

Chemin de Croix peint sur toile par un artiste de la rue de Sèvres, à Paris (1878).

BAS-CÔTÉS. — On sait que les abbayes qui n'étaient point paroisse n'avaient droit qu'à un bas-côté : le bas-côté placé à gauche caractérisait les églises Franciscaines, le bas-côté à droite était propre aux Jacobins.

Jusqu'en 1863, l'église de Notre-Dame n'eut ainsi qu'un latéral, celui de gauche. Cependant dès 1858,

M. l'abbé Sébaux, curé de la paroisse (1), se préoccupa des moyens d'agrandir son église devenue trop petite pour la population.

Or l'agrandissement n'était possible que du côté de la caserne dont le mur formait le côté sud-ouest de l'église et à laquelle celle-ci devait des servitudes. Les pourparlers furent longs entre le ministère de la guerre, les chefs du génie et M. Sébaux, secondé par la Municipalité de Laval ; enfin, le 26 mai 1863, la première pierre de ce bas-côté fut posée, et la construction s'éleva sous la direction de M. Renous, architecte, avec M. Foucher, d'Avénières, comme entrepreneur.

LATÉRAL DE GAUCHE (côté N.-E.). — Après la construction du bas-côté N.-O., le latéral de gauche dont les chapelles étaient percées de petites fenêtres, ne se trouvant plus en harmonie avec celui de droite, les notables de la paroisse résolurent de contribuer à la réfection de ces fenêtres sur le modèle de celles de l'autre bas-côté.

Ce travail ayant été exécuté en 1868, les autels, antérieurement adossés au mur extérieur, furent

---

(1) Décédé évêque d'Angoulême.

tournés de côté et appuyés contre le mur séparatif de chaque travée.

Ces autels sont anciens et forment un ensemble des plus remarquable. Leurs retables abondent en détails décoratifs : colonnes, colonnettes, pinacles et appliques de marbre de teintes diverses, moulures et arabesques variées, écussons, guirlandes, urnes chargées de motifs ornementaux. Nous n'insisterons pas autrement sur cette exubérance décorative.

CHAPELLE I. — Auvent de la même date que la tribune.

CHAPELLE II (Vis-à-vis de la 2ᵉ travée).— **Fonts baptismaux.** — L'entourage est en marbre rouge de Saint-Berthevin ; elle provient d'une grande balustrade qui autrefois séparait le chœur de la nef et qui fut enlevée, pour la cérémonie du sacre de Mgr Sébaux, qui eut lieu à Notre-Dame, en 1873. Le reste est conservé près de l'église.

Autel de N.-D. auxiliatrice, du XVIIᵉ siècle. Tombeau en forme de sarcophage. Dans la niche supérieure : *Saint-Jean précurseur.*

Verrière I. — *Le Baptême de Clovis,* par M. Champigneulle fils, de Paris (1890). Dans le tympan supérieur — rapprochement symbolique : *Le Baptême de Jésus* dans les eaux du Jourdain.

CHAPELLE III (En face de la 3e travée). — **Autel de Saint-Pierre ;** dans la niche supérieure : *Le Sauveur du Monde.* Au dessous on lit :

Ex dono I. GVY IO
Advocati 1632.

Verrière II. — *Saint-Pierre guérissant un boiteux,* par MM. Magnau, Clamens et Bordereau d'Angers (1892) ; dessins de Victor Livache. Dans les tympans : *Jésus investissant Saint-Pierre de sa divine mission.*

Cette verrière est l'une des plus remarquables de la galerie.

CHAPELLE IV (4e travée.) — **Autel de Saint-Joseph ;** dans la niche au-dessus : *Sainte-Thérèse.*

Verrière III. — *La mort de Saint-Joseph,* par M. Champigneulle (1892). Dans les tympans : *La Sainte Famille travaillant.*

CHAPELLE V (5e travée). — **Autel de Saint-François ;** dans la niche supérieure : *Statue de Sainte-Claire.*

Cet autel et son retable paraissent fort anciens et sont probablement antérieurs au XVIe siècle.

Le devant de l'autel présente un bas-relief, sculpté sur bois et peint, extrèmement curieux :

Le Christ portant sa croix et ceint lui-même du

cordon de Saint-François, est aidé par un franciscain et une clarisse. Sainte-Véronique qui leur fait vis-à-vis, avec La Vierge et Saint-Jean, reçoit le portrait de la Sainte-Face. La couleur des vêtements a été modifiée pour les besoins de la décoration.

Le *tabernacle* n'est pas moins remarquable. Sur la porte, on voit un franciscain sculpté en relief pleinement dégagé ; sur les côtés, se trouvent deux peintures sur bois très-fines et de mérite, mais, malheureusement détériorées : celle de droite représente la Vierge, celle de gauche, Saint-Jean.

Dans les montants de l'autel sont insérées deux reliquaires dotés de restes du docteur Séraphique.

Le *tableau du retable* représentant Saint-François d'Assise, fut trouvé en 1849, par M. l'abbé Albin, alors vicaire à Notre-Dame, dans une maison de la rue des Petits-Tuyaux et placé peu après dans l'endroit qu'il occupe.

Statuette de Saint-François, antérieur à la Révolution ; don de M. Benjamin Sébaux.

Verrière IV. — *Saint-Jean-Chrysostôme révélant à Saint-François-d'Assise le Mystère de l'Immaculée-Conception*, par M. Champigneulle (1890).

Le petit carré inférieur représente la basilique de la Portioncule dans la vallée d'Assise ; Saint-Jean qui se tient à gauche au bas de la verrière, rappelle le nom du donateur.

CHAPELLE VI (6e travée). — **Autel du Sacré-Cœur,** autorisé par Mgr de la Myre en 1827, pour être l'autel de la Confrérie du même nom ; dans la niche au-dessus : *La Vierge à l'Enfant.*

Le *tabernacle* et ses panneaux présentent un ensemble de statuettes dorées qu'il est intéressant d'observer :

Sur la porte : Sainte-Claire ; à gauche : Saint-Étienne ; à droite : Sainte-Rose de Lima ; sur chaque montant de côté : un évêque, Saint-Tiburce ? et un pape.

Cet autel renferme les reliques des premiers évêques du Mans.

Statue de Saint-Antoine-de-Padoue, la première de ce saint qui ait été intronisée dans les églises de la ville.

Verrière V. — *Le Vœu national,* par MM. Magnan, Clamens et Bordereau (1892). Les figures d'évêques représentent Mgr Wicart, premier évêque de Laval et Mgr Richard, alors coadjuteur de l'archevêque de Paris ; comme fait mystique se référant à la verrière, on voit, dans les tympans, l'apparition du Sacré-Cœur à la Bienheureuse Marguerite-Marie.

CHAPELLE VII (7e travée). — Au dessus de la porte de la sacristie : *La Vierge du Rosaire,* tableau d'après Murillo, copie de Mlle Victoire Chastanier ; don du Roi (1841).

Autel de N.-D. de Pitié. — Groupe en plâtre de bonne expression ; au dessus : Gloire d'anges et écusson portant entrelacées les lettres J. L. B.

Cet autel est postérieur aux précédents.

LATÉRAL DE GAUCHE (Côté S.-O.)

CHAPELLES I & II. — Rien à noter.

CHAPELLE III. — **Autel de Saint-Charles,** élégamment sculpté sur bois ; construit par MM. Raffl et Verrebout, de Paris ; médaillé à l'exposition universelle de 1878 ; posé l'année suivante. Don de la famille Alexandre Lamerie.

Tableau représentant *Saint-Sébastien*.

Verrière I. — *Sainte-Cécile*, par M. A. Alleaume, peintre-verrier à Laval (1894). Splendide reproduction du tableau de Raphaël, habilement appropriée à l'art de la verrerie peinte, par l'artiste lavallois.

Confessionnal, par M. Blottière, du Mans (1876).

CHAPELLE IV. — **Autel de N.-D. de Lourdes,** en marbre blanc ; mêmes auteurs, même récompense, même date de pose que pour le précédent. Don de plusieurs bienfaitrices.

Verrière II. — *N.-D. de Lourdes*, par M. Champigneulle (1889) ; dessins à l'antique, par M. Delalande.

Confessionnal, par M. Blottière, du Mans (1876).

CHAPELLE V. — **Autel de N.-D. du Sacré-Cœur,** par M. Cosnard, du Mans (1875); provient de dons particuliers.

Verrière III. — *Saint-Michel et Jeanne d'Arc*, par MM. Magnan, Clamens et Bordereau (1892). Bons dessins de M. Victor Livache. Heureuse conception de M. le chevalier de La Broise; armes du même.

Confessionnal, par M. Madiot, de Laval (1876).

CHAPELLE VI. — **Autel de Sainte-Anne,** par MM Raffl et Verrebout (1883). Don d'une anonyme.

Statue de l'Immaculée-Conception, par M. Bouriché, d'Angers; exposée à Laval en 1857, elle fut donnée par l'auteur à Mgr Wicart qui en gratifia l'église Notre-Dame.

Verrière IV. — *L'Éducation de Saint-Louis*, par M. Champigneulle (1891). L'original de ce vitrail est à Saint-Eustache, de Paris. Composé pour une fenêtre à quatre lancettes, il a été modifié afin d'être adapté à une fenêtre à trois baies. Excellents dessins de M. Lionel Royer.

CHAPELLE VII. — Au-dessus de la porte de la sacristie : tableau de la *Mise au Tombeau*.

Autel de la Communion, construit par M. Cosnard, du Mans, en 1870, polychromé en 1877. Don d'une anonyme.

CHŒUR. — Le chœur occupe la partie haute de la nef centrale. Jusqu'en 1842, il fut isolé de la partie qu'occupent les fidèles, par le maître-autel et son rétable qui se trouvaient aux marches actuelles du sanctuaire. La grande fenêtre ogivale du fond sur laquelle se distinguaient encore quelques vieux vitraux, était alors complètement dégagée.

Le 10 janvier 1842, au cours des travaux nécessités par le transfert du rétable contre la grande fenêtre, on ouvrit les caveaux qui se trouvaient dans le chœur. Deux cercueils s'y rencontraient, munis chacun d'une plaque de cuivre portant des inscriptions funéraires (1).

---

(1) Voici ces inscriptions :

I.

Cy gist le corps de messire Louis Caset, seigneur de Vautorte, président au parlement de Rennes, qui décéda dans la 65e année de son âge, l'11e d'aoust 1651, et laissa, de dame Renée Fréard, son espouse, trois enfants : messire François Caset, seigneur de Vautorte, conseiller ordinaire du Roy dans tous ses conseils, lequel mourut dans la 45e année de son âge, le 19 d'avril 1654, dans la ville de Ratisbonne, en Allemagne, où il était ambassadeur extraordinaire vers l'empereur Ferdinand 11e, les princes et estats de l'empire ; messire Louis Caset de Vautorte, évesque de Lectoure,

Maitre-autel en marbre. Son *rétable* est formé d'un avant-corps dont les corniches et les frises sont supportées par quatre belles colonnes de marbre ; les colonnes des côtés, en retraite, sont également en marbre. Au-dessus de l'avant-corps, se trouve comme un second rétable en miniature, qui forme le couronnement de l'ensemble.

Dans la niche du milieu, on voit le *Christ accueillant;* dans celle de gauche, *Saint-François;* dans celle de droite *Saint-Jean-Apocalypse.*

Tableau du rétable : *l'Immaculée-Conception* d'après Murillo; copie de M. Amielle. Don du Roi (1841).

Sur le socle des colonnes à gauche, on lit : *Autel privilégié à perpétuité, 19 février 1848,* et

---

et dame Renée Caset, épouse de messire François Saguier, seigneur de Luigné, conseiller au parlement de Rennes.

Ledit seigneur, évesque de Lectoure, a fait faire cette cave et mettre cette inscription sur le cercueil dudit seigneur de Vautorte, son père.

II.

Cy gist le corps de dame Renée Fréard, espouse de feu messire Louis Caset, seigneur de Vautorte, président au parlement de Rennes, laquelle décéda le 23 d'octobre 1668, âgée de 79 ans.

Ce fut une dame fort vertueuse et d'une piété exemplaire.

Louis Caset de Vautorte, évesque de Lectoure, leur fils, a fait faire cette cave et mettre cette inscription sur le cercueil de sa chère mère.

dans l'entrecolonnement, se trouve l'exposé du Bref de Pie IX, qui a privilégié l'autel.

De même, sur le socle des colonnes de droite, on voit : *Indulgence de la Portioncule, 1er avril 1848*, et, dans l'entrecolonnement, le resumé du Bref papal conférant cette indulgence.

D'après M. Garnier, cet autel serait l'œuvre d'un certain Pierre Corbineau, architecte lavallois, qui construisit le maître-autel de La Flèche. L'analogie est grande, en effet, entre les deux ouvrages.

La belle **grille** en fer forgé qui entoure le chœur, a été construite en 1879, par M. Chartier, maître serrurier, à Laval, sur les plans dressés par M. Hawcke, architecte.

La **table de communion** est l'œuvre des mêmes.

Les **stalles** du chœur, par M. Blottière, du Mans, furent placées en 1875.

CLOCHES. — En 1865, le beffroi, qui se trouvait sur le pignon de la façade, menaçant ruine, fut rétabli à neuf au-dessus de la sacristie.

En 1889, la petite cloche, venue on ne sait comment de l'église de Pritz, et, par conséquent, l'une des plus vieilles de la contrée, se trouva fêlée ; elle fut vendue au Musée de Laval.

Les deux cloches actuelles viennent des ateliers de MM. Bollée, fondeurs au Mans.

Grosse cloche. — Poids : 380 kilos; noms : Thérèse-Louis; parrain : le chevalier Michel-Georges-René-Louis de la Broise; marraine : dame Pauline-Charlotte-Thérèse Gombert de la Tesserie, née de Phelines. (MM. Baudry, curé, Meslay, Leterme de Maubué, Louis Segretain, fabriciens). Bénite en 1861, par Mgr Wicart.

Petite cloche. — Poids : 275 kilos ; noms : Marie-Louise; parrain : M. Louis Segretain, président de la fabrique ; marraine : dame Marie-Aglaé de la Broise, née Courte ; M. l'abbé Furet, chanoine honoraire, missionnaire apostolique, curé de la paroisse. Bénite en 1889.

SAINT-VÉNÉRAND

HISTOIRE. — En 1485, Guy XIV, comte de Laval, voyant le faubourg du Pont-de-Mayenne, au commerce florissant, s'augmenter de beaux édifices et croître en population, réunit quelques nobles, gens du clergé et riches marchands de la paroisse de Saint-Melaine, et leur remontra la nécessité de construire une église paroissiale dans le faubourg même du Pont-de-Mayenne, déclarant qu'il indemniserait la place qui serait choisie de toutes charges et rentes.

L'église de Saint-Melaine (1), située à près de deux kilomètres de la rivière, était desservie par des chemins mauvais et dangereux, inconvénient grave surtout pour les femmes et les vieillards; de plus, pendant que les habitants du Pont-de-Mayenne assistaient aux offices à Saint-Melaine, leurs maisons avaient été souvent pillées et plusieurs des leurs avaient même été faits prisonniers, dit le chroniqueur Le Doyen.

L'emplacement choisi pour la construction de la

---

(1) Le château de Saint-Melaine, propriété de M. Le Breton, sénateur, est bâti sur l'emplacement de cette église.

nouvelle église fut celui qu'occupaient les maisons de Jean Dutay, où pendait l'enseigne de Saint-Julien-le-Martyr.

Les fondements furent commencés le lundi 15 mai 1485, sur les huit heures du matin, et, le lendemain, le jeune comte de Laval-Montfort posa la première pierre de l'église.

Dix ans plus tard, les travaux de l'église étaient assez avancés pour qu'il fût possible de commencer le clocher. Établi sur le carré du transept, il fut élevé par le charpentier Jehan Bodin; le 13 mai 1500, Jehan Janvier, serrurier, en achevait l'aiguille. Ce même clocher existe aujourd'hui dans son intégrité.

Grâce à de nombreux dons particuliers, l'édifice s'acheva rapidement: la nef est achevée en 1508; en 1511, l'église est totalement couverte en ardoises; en 1521, elle est blanchie et pavée à l'intérieur; les deux belles verrières que nous voyons encore à l'extrémité des transepts sont posées en 1521 et 1525; en 1530, le chœur est allongé et la chapelle qui lui fait suite est édifiée; ces travaux durent jusqu'en 1565.

En 1522, fut commencée la construction du magnifique et unique portail extérieur qui ne fut terminé qu'en 1594. Le nom des auteurs de ce bel ouvrage ne nous a point été conservé par les chroniques du temps, pourtant abondantes de détails. M. Louis Garnier, architecte à Laval, a entrepris (1890) et mené à bonne fin, la restauration complète de ce splendide portail.

Complétée par l'addition de chapelles et collatéraux (1642-1706), l'église de Saint-Vénérand était complète et régulière dans son plan, dès le commencement du XVIIIe siècle. Nous la retrouvons telle aujourd'hui, modifiée seulement par l'adjonction de deux nouveaux bas-côtés (M. Boret, architecte, 1870).

*
* *

Dès sa fondation, l'église avait été dotée par Guy XIV, qui l'avait fait venir de sa terre d'Acquigny (Eure), du chef de saint Vénérand, martyr.

C'est sous le vocable de ce saint, qu'elle fut consacrée le 20 janvier 1522, par Jean Tisserat, dominicain, évêque *in partibus*, délégué à cet effet par Louis, cardinal de Bourbon, évêque du Mans.

*
* *

Peu de particularités signalent, au cours de ses quatre siècles d'existence, l'église de Saint-Vénérand.

Le 25 mai 1686, le jour de la fête patronale, pendant les vêpres, la foudre tomba sur le clocher, rompit une des poutres qui soutenait les cloches et pénétra dans l'église à la grande stupeur d'une nombreuse assistance. Une personne fut écrasée par la foule qui s'empressait de fuir.

Le 2 juillet 1790, en l'absence du curé, M. Guérin de la Roussardière, le premier vicaire, M. Piolin, fit devant l'Assemblée qui devait nommer les Administrateurs du département de la Mayenne, une énergique déclaration de foi catholique.

Le 7 août 1791, Charles d'Orlodot (1) fut élu curé

____

(1) Évêque constitutionnel de la Mayenne en 1799.

constitutionnel de Saint-Vénérand, fonctions qu'il continua jusqu'à fin décembre 1793. Cet intrus qui cherchait à se ménager des sympathies dans tous les camps, ne fut pas un fougueux démocrate. Il protégea même, dans une certaine mesure, son église contre la tourmente révolutionnaire.

Le grand orgue, construit par Dallery, en 1700, ayant été détruit, il obtint et installa dans son église l'orgue de l'abbaye de Fontaine-Daniel.

Il ne put pourtant empêcher que les tuyaux de plomb n'en fussent enlevés pour faire des balles et que les vases sacrés et ornements d'argent, ne fussent confisqués au profit de la Nation (octobre 1792).

C'est lui qui sauva la remarquable statue de la Vierge que l'on voit sous le portail de Saint-Vénérand, en l'enlevant au couvent voisin des Jacobins (aujourd'hui la Préfecture), et l'arrachant ainsi à une destruction certaine.

Il est présumable que ce fut aussi grâce à son intervention, que la belle chaire, provenant du même couvent, fut placée dans l'église de Saint-Vénérand.

Rendue de bonne heure au culte catholique, l'église fut souvent, à cause du voisinage de la Préfecture, et à défaut d'une cathédrale, choisie pour la célébration religieuse des anniversaires officiels ou patriotiques.

La paroisse de Saint-Vénérand est aujourd'hui la plus vaste et la plus peuplée de Laval. L'extension que la ville a prise du côté de la gare, semble rendre dès maintenant nécessaire la création d'une nouvelle paroisse, tout comme à la fin du XV siècle, époque à laquelle l'église de Saint-Melaine était devenue éloignée et insuffisante pour un grand nombre.

EXTÉRIEUR. — **La façade** est le seul ouvrage architectural extérieur qui mérite de fixer l'attention. Son ensemble est très élégant et révèle chez les ouvriers qui y ont successivement travaillé (1522-1594) une grande habileté de main.

Deux énormes contreforts sur lesquels est jetée une voûte cylindrique, forment un majestueux **portique**.

La décoration de la façade consiste en trois niches gothiques formées d'un piédestal saillant et d'un dais élevé. Une Vierge en terre cuite de 1^m90 de haut — que d'Orlodot fit venir du couvent voisin — occupe le piédestal du milieu. Les deux autres supportent un Saint-Christophe et une statue symbolique qu'on croit être la *Foi*. Deux colonnettes à troncs noueux supportent deux autres statues à la hauteur des dais.

Une *rosace* de forme ronde, divisée en six compartiments, occupe la partie supérieure de la façade.

Les *armoiries* sculptées que l'on voit en haut du contrefort de droite, sous la corniche, bien qu'effacées en 1792, représentent assez visiblement l'écu de Laval.

La *tourelle* posée en encorbellement et aux trois

quarts engagée à droite de ce même contrefort, abrite un escalier qui conduit aux combles. Elle est surmontée d'une *lanterne* à deux étages.

Cette belle façade de l'église Saint-Vénérand mériterait d'être dégagée du pâté de maisons qui la masquent et d'être mise en perspective par l'établissement d'une place publique s'étendant jusqu'à la préfecture. Cet embellissement qui s'impose depuis longtemps, honorerait grandement la municipalité qui l'entreprendrait.

INTÉRIEUR. — Il comporte une nef avec deux collatéraux de chaque côté, deux bras de transept, un chœur et un pourtour de chœur.

Longueur approximative : 58 mètres.

NEF. — Elle comprend trois travées : celle du milieu de plein cintre, les deux autres ogivales.

Grand Orgue de 36 jeux, à trois claviers manuels et un pédalier, construit par J.-B. Gadault, en 1834, avec M. Gand père, comme contre-maître ; en 1857, le facteur Ducroquet ajoute un récit de 42 notes ; en 1868, Cavaillé-Coll fait une nouvelle réparation.

A droite de l'orgue, dans la tribune : *Sainte-Cécile*, tableau de Ferré ; à gauche : *N.-D. de Pitié*, tableau ancien.

Chaire à prêcher. — Cette chaire était dans l'église des Jacobins ; on dit qu'elle fut l'œuvre d'un religieux de leur couvent. Elle date de 1679.

La chaire est formée d'un octogone coupé, dont cinq faces seulement sont visibles.

Le panneau de devant porte un bas-relief d'un grand intérêt local : Le *Père Eternel élevé sur des nues bénit la ville de Laval* ; on voit au-dessous la façade du château du côté de la rivière, la grande tour, l'ancienne horloge, le clocher de Saint-Thugal.

Les quatre autres panneaux figurent les quatre évangélistes.

Verrière I (à gauche). — *Sainte-Anne* et *Marie-Magdeleine*, personnages en pied, dans une ornementation fin XVe siècle.

Verrière II. — Les saints *Maxime, Vénérand* et *Melaine*. En bas : *Translation du corps de saint Vénérand*. De petits personnages en costume du moyen-âge précèdent et suivent la châsse du saint.

Verrière I (à droite). — *Saint-François d'Assise* et *saint Dominique*.

Verrière II. — *Le Sermon sur la montagne*.

Ces vitraux sortis des ateliers de Fialex, du Mans, ont été posés en 1855.

BAS-COTÉS. — Boiseries anciennes, venues, comme la chaire, du couvent des Jacobins.

Huit panneaux de bois taillés en octogone présentent de bonnes peintures dont il est difficile de préciser le sujet. A gauche, on voit une Martyre, la Vierge, Sainte-Cécile et Saint-Antoine-de-Padoue(?). A droite, du côté de la chaire, quatre docteurs de l'Eglise.

TRANSEPT DE GAUCHE. — **Autel de la Vierge** bâti par Agenian en 1610. De chaque côté : deux reliquaires anciens.

L'Annonciation, tableau du XVIIe siècle, fort détérioré.

Grande verrière représentant comme sujet principal le Crucifiement. De chaque côté et au-dessous : plusieurs scènes de la Passion. Dans les tympans : la Résurrection des morts au jugement dernier, les uns portés au Paradis par des anges, les autres emmenés aux Enfers par des diables.

Cette verrière donnée en 1521, par Jehan Boullain, et exécutée à Rouen, a subi des mutilations et quelques restaurations mauvaises Le dessin n'est pas irréprochable, mais l'entente générale est bonne. Le grand ciel bleu derrière le Christ et les larrons donne un aspect de beau tapis très harmonieux de couleur.

Cette verrière et celle qui lui fait face sont les plus anciennes de la région.

TRANSEPT DE DROITE. — **Autel du Sacré-Cœur.** Le tableau du rétable est daté de 1823 et signé Julie Phlipault. A droite, la statue de *Saint-Vénérand*, à gauche, celle de *Saint-Sébastien*, toutes deux d'un certain mérite.

Saint-Benoît et sa sœur *Sainte-Scholastique*, tableau du XVIIe siècle.

Grande verrière du XVIe siècle, très mutilée à cause de son exposition aux vents d'ouest. Bien que de la même époque que celle du transept gauche, elle ne doit pas être du même peintre-verrier.

Les scènes qu'elle représente sont des scènes de l'Ancien Testament, principalement des épisodes de la vie de Moïse. Dans les tympans : le Christ, la Vierge, Saint-Jean et des prophètes. Les quatre panneaux du bas contiennent les portraits agenouillés du donateur et de sa famille, leurs saints patrons derrière eux et la figure de Judith et de Sainte-Barbe.

Don de François de Launay (1525).

Le Conseil de fabrique ayant décidé la restauration de cette verrière (1896), M. Alleaume, peintre-verrier à Laval, a été chargé de ce travail délicat.

CHŒUR. — Au-dessus de l'arc triomphal, on voit le Christ entre sa sainte Mère et Saint-Jean.

Maitre-autel en marbre noir avec panneaux de marbre rouge veiné, surmonté d'un tabernacle en cuivre doré et accompagné de deux grands candélabres (1854).

Stalles provenant de l'ancien monastère de Patience, achetées au Directoire par d'Orlodot, pour la somme de 200 livres.

Petit orgue construit par M. Gand, de Laval, en 1858.

Grille élevée autour du chœur en 1755.

POURTOUR DU CHŒUR. — **Autel des Evéques** (1732). Au centre : Saint-Martin ; à gauche : Saint-Melaine et Saint-René ; à droite : Saint-Charles et Saint-Malo.

Vitrail représentant quatre scènes de la vie de Saint-Martin.

Autel de Saint-Jean-Baptiste (1713) avec

lesstatues de Saint-François-de-Salles et de Sainte-Thérèse.

Vitrail représentant quatre scènes de la Vie du Précurseur : 1. la Vision de Zacharie ; 2. la Circoncision de Jean-Baptiste ; 3. la Fille d'Hérodiade apportant à sa mère la tête de Saint-Jean ; 4. le Baptême de N.-S., imité du Poussin.

Autel de Sainte-Anne (1732). Joli groupe de Sainte-Anne et de Marie enfant. A gauche : la Vierge au lys, par le sculpteur Toussaint, 1840 ; Saint-Augustin. A droite : Saint-Michel et Saint-Chrysostome (?).

Vitrail représentant plusieurs sujets mystiques parmi lesquels nous reconnaissons la communion de Saint-Jérôme.

Autel de Saint-Joseph (1713), avec les statues de Saint-François et de Saint-Louis.

Vitrail représentant quatre scènes de la vie du Patriarche : 1. Mariage de Saint-Joseph, d'après le Poussin ; 2. Songe de Saint-Joseph ; 3. la Fuite en Égypte ; 4. la Mort du Saint, d'après Overbeck.

CHAPELLE DU CHEVET. — **Autel de N.-D. des Anges** (1747). La Vierge et les Anges sont une gracieuse composition du commencement du

XVIII° siècle. A gauche et à droite : statues de Saint-Pierre et de Saint-Paul.

Verrière centrale retraçant huit scènes de la vie de la Vierge.

Vitrail de gauche : huit scènes de la vie de Saint-Pierre.

Vitrail de droite : huit scènes de la vie de Saint-Paul.

Les sept verrières du pourtour du chœur sont sorties des ateliers de Fialex et Châtel, du Mans, en 1848. Les dessins en sont généralement bons, mais leur exécution au point de vue de l'art de la verrerie peinte, laisse à désirer.

CLOCHES. — La sonnerie, très brillante, se compose de 4 cloches, dont 3 ont été fondues en 1855; la grosse cloche, pesant 3,232 kilos, a été montée en 1861 (1).

—————•••—————

(1) M. J.-M. Richard a écrit sur l'*Eglise Saint-Vénérand*, une intéressante et savante monographie. — Laval, Goupil, 1891.

LES CHAPELLES

N.-D. DE PRITZ

Située à un kilomètre Nord de Laval, sur la route de Changé, cette église est, dit-on, la plus ancienne de tout le Maine.

Construite du VI⁰ au IX⁰ siècle, elle servit de paroisse à la ville de Laval jusqu'en 1186, et continua de recevoir les morts de cette ville, jusqu'au XV⁰ siècle.

L'église de N.-D. de Pritz est aujourd'hui la propriété de M. Pommerais, maire de Loiron.

La commission départementale des monuments historique a depuis longtemps demandé le classement de ce monument.

(Ouverte tous les jours du matin au soir. Pour la visiter on entre par la cour de la ferme dans le jardinet qui en précède l'entrée).

D'extérieur plutôt modeste, l'église mérovingienne de Pritz mérite d'être visitée à l'intérieur.

Le **calendrier** peint sur l'arc intérieur de la voûte qui sépare le chœur de la nef est surtout remarquable. Ce curieux Zodiaque date du commencement du XIIIᵉ siècle ; le mois de Janvier s'y trouve le premier, ce qui est assez extraordinaire pour l'époque.

Voici comment les mois de l'année sont symbolisés :

Janvier : un repas de chasseur,

Février : un vieillard qui se chauffe,

Mars : un vigneron taillant sa vigne,

Avril : un jeune homme au milieu d'arbustes fleuris,

Mai : un jeune homme à cheval tenant à la main une violette,

Juin : un faucheur,

Juillet : un moissonneur,

Août : le battage des blés au fléau,

Septembre : un vendangeur,

Octobre : un semeur,

Novembre et *Décembre* sont illisibles par vétusté.

Deux **Tombeaux** de la même époque que le

Calendrier attirent l'attention. L'un d'eux représente un personnage couché avec deux anges à ses côtés et reposant les pieds sur deux animaux fantastiques.

Ces personnages ne portent ni le costume ecclésiastique, ni celui des chevaliers : or, les tombeaux bourgeois du XIIIe siècle sont excessivement rares. Une inscription en lettres gothiques et romanes, qui se lit autour du monument, a été déchiffrée par les archéologues; elle donne malheureusement des noms inconnus.

Le **Groupe de statues** les *Saintes-Femmes suivant Jésus dans la voie douloureuse*, se trouvait autrefois sur le roc situé au-devant des bâtiments d'un village voisin (la Chauminette). Une large grille entourait cette station calvérienne, placée sur le vieux chemin de l'église de Pritz; ces statues, à la tombée de la nuit, ressemblaient à d'étranges apparitions. Elles étaient connues dans le pays sous le nom de *Juifs de Pritz*.

La **Cloche** de la vieille église est aujourd'hui au Musée de Laval. Elle est datée de l'année 1537, sans nom de donateur ni de fondeur, mais elle porte le vocable de l'église : *Nostre-Dame de Pry*.

SAINT-MARTIN

Rue de Beauvais, no 1

Fondée vers l'an 1040, par Guy II, l'église du Prieuré de Saint-Martin fut construite par les bénédictins de Marmoutiers.

Pendant la Terreur, elle servit de prison passagère à 200 prisonniers qui furent entassés dans ses murs.

En 1794, elle fut vendue avec le Prieuré comme bien national pour un prix infime : une paire de bœufs ou une pièce de toile, dit-on. Employée alors aux plus profanes usages, elle servit de grenier à grain, de grange à fourrage, d'atelier de calendrage, de dépôt d'étalons, de grange dîmeresse, et, en dernier lieu, d'entrepôt de tabacs.

En 1876, elle fut rachetée par un vénérable ecclésiastique, M. Le Segretain, qui en entreprit la restauration et en fit, pour quelque temps, la chapelle d'un Cercle militaire.

Cette chapelle avait été mise au rang des monuments historiques ; les dernières réparations ayant été entreprises en dehors de la commission de ces monuments, la vieille église fut déclassée. Sa visite n'en reste pas moins fort intéressante.

(Pour visiter, s'adresser rue Saint-Martin, no 2, ou à M. Lagoutte, boulevard de Tours, no 47)

EXTÉRIEUR. — **Tour** carrée et crénelée, du XIe siècle; moderne dans sa partie supérieure. La *tour* cylindrique engagée qui dessert le clocher a été récemment construite.

Portail latéral du XIIe siècle, orné de deux statues imitées de l'antique : *Saint-Edouard* et *Saint-Léon.*

Grille monumentale en fer forgé, construite par M. Chartier, maître serrurier à Laval (1893-96).

INTÉRIEUR. — De la naissance de la nef au chevet de l'abside on mesure 40 mèt. de longueur.

La **Nef** a 9 mètres de largeur sur 30 de long. Les murs sont ornées de **fresques** représentant sous un dais les principaux personnages des deux Testaments. Lorsque la galerie sera achevée, elle contiendra 100 sujets. Elle est aujourd'hui de 32 personnages, depuis Adam jusqu'à Jésus-Christ.

Au onzième dais, on remarque **cinq fresques** du XIe siècle, sans aucune retouche, représentant les cinq rois de Juda : *David, Salomon, Josaphat, Ezéchias* et *Josias. (Voir notre gravure.)*

Ces cinq fresques originales ont servi de type à toute la galerie peinte par M. Liéven Gœthals, artiste d'origine flamande, décédé à Laval (1892).

Les personnages sous dais sont séparés des

Église Saint-Martin. — *Fresques du XIe siècle.*

scènes supérieures par une triple litre ou bordure restaurée, du XIIe siècle.

Ces scènes tirées de l'histoire de la primitive Église sont d'exécution moderne. Seule une peinture est du XIIe siècle : elle représente *Une Martyre percée de flèches* et deux scènes : *Avant* et *Après le martyre*.

Les **Verrières** de la nef, qui ornent à droite les petites fenêtres romanes, figurent les madones des grands pélérinages ; à gauche, elles représentent des épisodes de la vie de Saint-François de Sales et garnissent d'élégantes fenêtres gothiques. Ces vitraux de provenance belge, sont d'un mérite relatif.

La **Tour** du carré du transept a été fermée au XVe ou au XVIe siècle, par la voûte que nous voyons aujourd'hui. Les peintures de cette voûte sont dues au pinceau de M. Gœthals.

Sur les arcs-doubleaux du transept, on voit un très intéressant **Calendrier** du XIIe siècle, représentant les douze mois de l'année. Il est tout différent de celui de Pritz.

Le transept de gauche porte des peintures authentiques des XIIe et XVe siècles, malheureusement détériorées par l'humidité.

Dans *l'absidiole de droite*, on observe deux belles peintures murales à hauteur d'œil : la *Madeleine dans le Jardin du Sépulcre* et surtout les *Noces de Cana*. Elles sont du XIIe siècle et très peu retouchées.

CHOEUR. — Les sujets de la *voûte*, peints à l'huile au XVIIe siècle, sont parfaitement conservés.

La *Sainte-Trinité et les Evangélistes*, fresque qui orne la voûte demi-sphérique qui forme le fond de l'abside, est d'une conception magistrale.

La *Vie de Saint-Martin* en huit épisodes, dont chacun porte une légende explicative en vieux français rimé, occupe, comme autant de panneaux, le reste de la voûte.

Vitrail du chevet : *Saint-Martin partageant son manteau avec un mendiant*, de même provenance que les vitraux de la nef.

L'église Saint-Martin n'est plus ouverte au culte public et la **grosse cloche**, montée dans la tour vers 1880, est depuis longtemps muette.

SAINT-MICHEL

Boulevard de Tours

Fondée et dotée par la famille Ouvroin, de Laval, cette église fut d'abord une simple chapelle (1328), plus tard transformée en collégiale (1421).

L'église Saint-Michel fut dédiée par l'évêque du Mans, Martin Berruyer, le 28 mai 1458.

Vers 1470, le chanoine André Legay, par une munificence rare, fit reconstruire l'église à ses frais.

Le 13 novembre 1790, les administrateurs du département firent défense aux chanoines de continuer leurs offices; le 23, les scellés furent apposés sur le mobilier.

Pendant la Révolution, elle servit de caserne et d'écurie de cavalerie.

Les catholiques de Laval la prirent à bail en février 1801.

Par les soins de l'abbé René-François Morin, elle fut réconciliée le 7 avril 1816, et, le 6 mai de la même année, elle fut desservie par les Pères de la Foi.

A ceux-ci succédèrent les Jésuites (1835) qui agrandirent notablement les immeubles primitifs et y installèrent un noviciat (1847).

Leur chapelle fut fermée le 30 juin 1880, en exécution de la deuxième partie des décrets du 29 mars.

(Pour visiter, s'adresser au concierge.)

On entre aujourd'hui dans la chapelle principale par l'**Oratoire** de *Saint-Alphonse de Rodriguez*.

La *Descente de Croix*, tableau d'un bon style.

A gauche de l'autel, un escalier conduit à la **Chapelle de la congrégation**, décorée en en 1837 par le R. P. Arthur Martin, dans le style ogival flamboyant, avec dentelles, découpures, moulures et arabesques innombrables.

CHAPELLE PRINCIPALE. — Belle **Nef** de plein cintre, accostée de deux chapelles latérales.

Maitre-autel en marbre blanc (1835) derrière lequel apparaît l'*Archange Saint-Michel*, œuvre du sculpteur Barème, d'Ancenis (1835).

Quatre **Toiles** remarquables par leurs dimensions et placées à chaque angle de la nef, représentent chacune un des Evangélistes.

Un **chemin de croix** peint à l'huile, orne les parois de la nef.

Chapelle à gauche : Autel de la Vierge.

Chapelle à droite : Autel du Sacré-Cœur. De cette chapelle on pénètre dans la

Chapelle Saint-Ignace. Il est à noter que la tête de ce saint est celle d'une statue de l'ancien collège des Jésuites de la Flèche.

CHAPELLE DES CARMÉLITES

Rue du Hameau, n° 20

(Fermée de 10 h. du matin à 2 h. du soir.)

Les Carmélites, venant du Mans, furent installées le 4 septembre 1856, dans l'hôtel Dubois de Beauregard (ancien manoir Ouvroin), transformé en couvent.

Les travaux de la chapelle commencèrent peu après. Elle fut consacrée le 28 mai 1878, par Mgr Le Hardy du Marais.

L'édifice de style gothique flamboyant, a été élevé sur le plan de la Sainte-Chapelle de Paris, avec cette différence qu'il ne possède pas de flèche. Architecte : M. David, du Mans.

La **Façade** présente une immense rosace au-dessus de la porte d'entrée.

La **Nef** très élancée est percée de six fenêtres de côté.

A gauche, la *Chapelle du Sacré-Cœur* est éclairée par deux fenêtres géminées et une grande fenêtre de fond.

A droite, faisant face à cette chapelle, le *cloître*. On voit, de ce côté, la statue du *Petit-Grand*.

L'entrée du sanctuaire est éclairée par deux lancettes simples et l'abside par sept fenêtres.

Les **Vitraux** de la rosace de la façade, furent placés en 1861, ceux des autres fenêtres exécutés par M. Louis Grossé, de Bruges (Belgique), ont été posés de 1878 à 1880.

Les **Verrières** de la nef retracent l'histoire de l'Ordre du Carmel, depuis les temps les plus reculés.

Les deux verrières de l'entrée du sanctuaire ont pour sujet : *Les Papes et le Carmel*; celles de l'abside rappellent la *Vie de la Vierge*, celles de la chapelle du Sacré-Cœur se rapportent à divers épisodes de la *Vie du Christ*.

Une **Crypte** située sous la chapelle ne peut être visitée.

Une brochure explicative des vitraux de cette chapelle est en vente au n° 5 de la rue de Paradis. — Prix : 30 centimes. — On ne la vend pas le dimanche.

———

MONUMENTS CIVILS

HOTEL-DE-VILLE

(Place du même nom)

Les fondements en furent creusés (1826-27) jusqu'à 20 pieds de profondeur, dans les marais de la Chevollière.

La *Façade*, de style composite, est à deux rangs de six colonnes superposées. Dans deux niches de côté : les statues du *Commerce* et de l'*Industrie*.

Architecte : M. de Gisors, de Paris.

L'Hôtel-de-Ville suffit à tous les services de la mairie. Ses différentes salles sont ornées d'une centaine de toiles destinées, pour la plupart, à prendre place dans le nouveau musée en construction sur la place de Hercé.

Jusqu'au jour de l'inauguration définitive de ce musée spécial de **peinture** et de **sculpture**, les objets d'arts sont déposés à la mairie. En voici l'énumération, avec, autant que possible, les noms d'auteurs et les provenances.

(Pour visiter, s'adresser à M. Ridel, conservateur ou à la Mairie).

—o—

I. — PEINTURE

1. Abraham, Tancrède : *Vallée de Cuisance (Doubs)* tableau acheté par la Société des Arts réunis de la Mayenne, 1874. — 2. Du même auteur : *Barrage de l'étang du Merle,* acheté par la Ville, 1886. — 3. André, Jules : *Vue prise dans la vallée de Stelure,* donné par l'Empereur. — 4. Anastasi, Auguste : *Cascatelles de Tivoli,* acheté par M. d'Evry. — 5. Du même : *Un ruisseau en automne* (1).

6. Barrias, Félix : *Pèlerins se rendant à Rome en l'an 1300,* acheté par la Ville. — 7. Baillet : *Vieux lavoirs à Vitré,* acheté par la Ville, 1886. — 8. Bernard d'Origny : *Vue du Pont-Royal et du Pavillon de Flore.* — 9. Du même : *Vue de Paris du pont des Saints-Pères.* — 10. Boily, Louis-Léopold : *Deux portraits de femme,* don de M. de Vauguyon. — 11. Le Brun, Charles : *La Tente de Darius* (copie). — 12. Bijou, A. : *Mendiants bretons.*

13. Cabassou, Guillaume : *Captivité de saint Louis,* donné par l'Empereur, 1867. — 14. Canet, C. : *Vue de Laval,* achat de la Ville, 1883. — 15. Chapoton, Gré-

____

(1) Lorsqu'une œuvre d'art est de provenance inconnue, nous ne mentionnons pas cette provenance.

goire : *Apprêts de baptême*, achat de la Ville, 1883. —
16. Chassevent, Gustave : *Grappe de raisin*, acheté par
la Société des Arts réunis, 1875. — 17. Coubertin,
Ch. : *Pestiférés*. — 18. Couder, Alexandre : *Nature
morte*. — 19. Du même : *Fleurs*, donné par l'Etat,
1874. — 20. Courcelle : *Deux portraits sur ivoire*. —
21. Curzon (de), Alfred : *Paysage*. — 22. Du même :
Intérieur breton.

23. **D**arcy, Em. : *Paysage*. — 24. Attribué à Des-
portes : *Tortues*, dépôt par l'Etat, 1892. — 25. Attribué
au même : *Aigles et Spatules*, dépôt de l'Etat, 1892. —
26. Durand-Brager, Henri : *Marine*. — 27. Du même :
Cinq dessins à la mine de plomb.

28. **E**vry (d'), Jules : *Paysage*, don de l'auteur, 1851.

29. **F**erret : *Bataille de Rocroy*, donné par M. Cou-
tarel, 1894. — 30. Feray, Georges : *Joseph et Putiphar*,
don de l'auteur, 1874. — 31. Flandrin, Jean-Paul :
Paysage. — 32. Fontenay (de), Alexis : *Paysage au bord
de la mer*, don de l'Empereur, 1868. — 33. Frère, Th. :
Ruines de Carnac, à Thèbes.

34. **G**abé, E. : *Pêche à l'esturgeon*. — 35. Goëthals,
Liéven : *Paysage*, acheté par la Ville.

36. **H**agemann (de), Godefroy : *Retour du marché*,
don de l'Empereur, 1865. — 37. Hautier, Eugène :
Grenades et oranges.

38. **I**sabey, Eugène : *Bains de mer à Granville*, acheté
par M. d'Evry, 1865.

39. **J**obbé-Duval : *La Mer*, acheté par la Ville, 1886.
— 40. Jouvenet (attribué à) : *Le Père Eternel et les
Anges*, don de l'Etat, 1878.

41. **L**andelle, Charles : *Portrait de l'auteur en 1844*,
donné par lui. — 42. Du même : « *Bienheureux ceux*

qui ont le cœur pur », donné par l'Empereur, 1851. — 43. Du même : « *Bienheureux ceux qui pleurent* », don de l'Empereur, 1851. — 44. Du même : *Femmes de Siloë*, don de l'État, 1881. — 45. Du même : *Le Droit moderne*, commande de la Ville, 1885. — 46. Du même: *L'Aveugle de Biskra*, dépôt de l'État, 1890. — 47. Lazerges, Jean : *Obsèques de saint Sébastien*, don de l'Empereur, 1869. — 48. Du même : *La Mise au Tombeau*, même provenance, 1869. — 49. Lenepveu, Jules : *La Chapelle Sixtine*, acheté par M. d'Evry. — 50. Du même : *Les Martyrs aux Catacombes*, même provenance. — 51. Luminais, Évariste : *Le grand carillon*.

52. **M**arionneau, Charles: *Paysage dans les Landes.* — 53. Du même : *Paysage italien.* — 54. Messager, Adolphe : *L'Ancienne rue de Rivière, à Laval*, don de l'auteur. — 55. Meissonnier : *Portrait de M. Sourdille de la Valette*, donné par M. Tribert, 1895. — 56. Mercier, Victor : *Pirates.*

57. **P**escador el Sadagno : *L'Île de Saint-Cast*, acheté par la Ville, 1886. — 58. Pils, Isidore : *Le Jeudi-Saint en Italie*, acheté par la Société des Arts 1879.

59. **Q**uinet, Charles : *Paysage avec cascade.*

60. **R**embrandt (copie d'après) : *Portrait de Rembrandt.*

61. **S**aint-Albin (Mme de), Charles : *Fleurs* sur porcelaine. — 62. Saint-François (de), Léon : *Clair de lune dans les Vosges*, don de l'Empereur. — 63. Saint-Germain, J.-B. : *Un Mariage breton*, don du même, 1859. — 64. Saint-Martin, Paul : *La Fuite en Égypte*, même provenance, 1859. — 65. Salançon (Mlle), Eugénie : *Prière pour la France*, don de l'auteur.

66. **Vernet**, Horace : *Le Massacre des janissaires* (copie de Schmit), acheté par M. d'Evry, 1866. — 67. Velasquez (copie) : *Le duc d'Olivarès.* — 68. Du même (copie) : *Don Balthazar.* — 69. Vidal, Vincent : *Monseigneur Coquereau*, don de celui-ci à sa ville natale.

70. **Winter** (de) : *Le Tondeur de moutons*, dépôt de l'Etat, 5 mars 1886.— 71. Worms, Jules : *Un Chanteur aveugle à Burgos*, achat de M. d'Evry.

Auteurs inconnus : 72. *Délivrance de saint Pierre.* — 73. *Nature morte.* — 74. *Tête de saint Paul.* — 75. *Calvaire*, achats de M. d'Evry, en 1852. — 76. *Enfant jouant avec une chèvre*, grisaille. — 77. *Clair de lune.* — 78. *Intérieur d'une forêt.* — 79. *Mariage mystique de sainte Catherine*, école italienne. — 80. *Portrait de jeune fille*, costume du XVIIIe siècle, école française. — 81. *Joueurs dans un corps de garde*, école hollandaise.

82. *Peinture* sur fond or, par Luca-Louchi, provenant du musée Campana.

83, 84, 85, 86, 87, 88 : *Six portraits des anciens maires de Laval.*

89. *M. Lamerie*, maire. — 90. *M. Toutain*, maire. — 91. *M. Jules Leclerc*, député et maire. — 92. *Portrait d'un maire.* — 93. *M. Boudet*, ministre de l'intérieur, maire. — 94. *M. Blanchet*, maire. — 95. Autre *portrait* de maire. — 96. *M. Fay-Lacroix*, maire, portrait par Gœthals. — 97. *M. Marchal*, maire, par le même. — 98. *M. Billion*, maire, portrait par Pierre Charon.

Au grenier, sont restés roulés quatre portraits de grande dimension : *Napoléon III*, *l'Impératrice Eugénie*, *Louis-Philippe* en grand uniforme et un *portrait* de chevalier de la Légion d'honneur, debout dans son cabinet de travail.

II. — SCULPTURE

1. Duret, François-Joseph : *Mercure inventant la Lyre*, 1831. — 2. Lanno, François : *Buste d'un chevalier*. — 3. Oudiné, Eugène : *Femme nue endormie*. — 4. Talner, Ferdinand : *Gilbert mourant*, 1857. — 5. Travaux, Pierre : *Amphitrite*, don de l'Etat, 1874. — 6. Vasselot (de): *Chloë à la fontaine*, don de l'auteur, 1875.

(*Psyché*, statue en marbre de L. Lavigne, donnée par l'Etat, ayant été déposée au jardin de la Perrine, fut d'abord mutilée et maculée, puis finalement brisée par malveillance, et jetée en bas de son socle, 1894).

*

Sur la **place de l'Hôtel-de-Ville,** à l'entrée des promenades, on voit la *statue d'Ambroise Paré*, par David d'Angers, élevée par souscription le 29 juillet 1840 ; le bronze, du poids de 1,200 kilogrammes, fut fourni par l'Etat. Sur le socle, on lit cette inscription tirée des œuvres du célèbre chirurgien : « Je le pansai, Dieu le guarit ». Un peu plus loin, s'ouvrent les **jardins publics** dessinés vers 1864, par M. Killian-Versini, architecte-paysagiste à Angers. Le *kiosque de la musique,* d'une bonne acoustique, a été inauguré le 5 mai 1879.

LE CHATEAU DE LAVAL

(Entrée place du Palais)

—

Le vieux château de Laval fut de tous temps la demeure des seigneurs de Laval.

Guy II, qui mourut en 1067, le fit bâtir sur l'emplacement d'un fort rasé à deux reprises par les Normands. En mars 1427, il tomba au pouvoir des Anglais, conduits par Talbot, qui occupèrent la ville; dix-huit mois après, la ville fut reprise grâce au concours du meunier des Trois-Moulins, Jehan Fouquet (dont un quai voisin porte le nom), qui cacha pendant la nuit, environ 300 gens d'armes dans les broussailles de la vallée de la Perrine.

Depuis que le château a été transformé en prison départementale (1800), le public qui en fait la demande n'est plus admis à voir que le **donjon** et la **chapelle.**

(Pour visiter, s'adresser à la Préfecture qui répond le jour même ou le lendemain).

LE DONJON

Le donjon cylindrique du château de Laval qui produit un merveilleux effet au milieu de cette ville, dit M. de Caumont, doit dater des dernières années du XIIe siècle à en juger par la forme de ses ouvertures. Il ne faut, en effet, tenir aucun compte des deux fenêtres à colonnes couronnés de frontons, qui existent au centre de la tour; ce sont évidemment des ouvertures faites au XVIe siècle pour donner du jour aux appartements.

Cette belle **tour** se divise en cinq étages, en comptant deux salles basses dans lesquelles on ne pénétrait que par une ouverture circulaire pratiquée au centre de la tour.

La partie supérieure de la tour est garnie d'une charpente extrêmement intéressante portée en saillie sur le cylindre en pierre et offrant au-dessous du toit une chambre et une galerie garnie de ses *hourds*. Les hourds étaient des murs en planche que l'on établissait au-dessus des tours et des murs du moyen-âge et qui, faisant saillie sur ceux-ci, permettaient de jeter des projectiles sur les assaillants, par les intervalles ménagés entre les poutres de support.

La **charpente** du donjon date du XIIᵉ siècle. C'est une des plus anciennes qui existent. La disposition des pièces qui la composent est remarquable : une poutre verticale remplit l'office de pivot central, puis à la base du toit une série de poutres horizontales forment autour de cette espèce de moyeu une énorme roue. La partie inférieure du pivot central a été taillée de manière à former une rosace au plancher de l'appartement situé au-dessous. Ces moulures sont du style roman.

LA CHAPELLE

La chapelle est formée d'une crypte située à 10 mètres au-dessus de la rue du Val-de-Mayenne, dans laquelle on descend de la cour du château par un escalier d'une quarantaine de marches.

Après un siècle et demi de suspension de tout culte, elle fut bénie le 12 octobre 1850 par M. François Davost, curé de la Trinité.

La **crypte** forme un carré oblong de 16 mètres de longueur sur 12 m. 30 de large.

Elle a trois absides placées à l'Orient ; au fond de chacune d'elles se trouve une fenêtre pour l'éclairer.

Un mur coupe obliquement le bas de la crypte et en soustrait une partie au regard du visiteur. Ce mur a été construit pour supporter des constructions plus récentes.

Bâtie vers le XIe et réparée vers le milieu du XIIe siècle, cette chapelle représente le style roman dans toute sa sévérité.

Six piliers isolés, à chapiteaux ornés de feuilles et d'entrelacs, sont placés à égales distances et la partagent en trois nefs.

Ils supportent un amas de petites voûtes en plein cintre et à arêtes qui, se croisant en tous sens, vont retomber sur des pilastres engagés à distances égales dans les murs du pourtour.

C'est un des restes à la fois les plus intacts et les plus curieux de l'architecture religieuse du XIIe siècle.

Autel genre moyen-âge (1852), par Deschamps, en pierre de rairie ; *tabernacle* en pierre de Caen, par le même.

De la cour, en regardant le château, on remarque à la première fenêtre à droite d'un logement de gardien, un magnifique **panneau de boiserie** sulpté, témoin de la richesse décorative de l'intérieur du château au temps des comtes de

Laval. On devrait bien mettre cette précieuse épave à l'abri des outrages auxquels elle est exposée.

Le château des seigneurs de Laval est classé comme **monument historique** depuis 1840.

LAVAL MODERNE

Le vieux Château. — Le Palais-de-Justice.
Le quai Jehan-Fouquet.

PALAIS-DE-JUSTICE

(Place du même nom)

—

Le petit château des seigneurs de Laval a été converti en Palais-de-Justice, dont il forme le corps principal.

Commencé en 1508 par Florida, dans le plus pur style de la Renaissance italienne, resté inachevé, ensuite modifié et remanié, jusqu'à ce qu'en 1854, il ait reçu avec M. Alfred Boutreux, architecte, sa forme définitive, il a conservé dans ses transformations successives, le gracieux style initial que lui avait donné l'intendant des seigneurs de Laval.

Contigu au vieux château, avec lequel il communique, il domine comme lui la ville toute entière; leur reproduction simultanée par le dessin est désormais indispensable pour caractériser Laval moderne.

(Pour visiter, s'adresser au concierge.)

Des terrasses et des fenêtres du Palais-de-Justice, comme du sommet du donjon, le **panorama** sur la ville est magnifique.

La **cour intérieure** avec ses écussons finement sculptés présenterait un reposant aspect, n'était la destination ordinaire de ce temple de Thémis.

Dans la **salle d'assises**, au-dessus du banc des jurés, on remarque un tableau de Pierre Prudhon, copie de Pujol : *La Justice et la Vengeance divine poursuivant le crime.* Cette toile appartient à la Ville.

*
* *

Sur la *Place-du-Palais*, se trouvent encore des exemplaires des **vieilles maisons** de l'ancien Laval ; de même rue de la *Trinité*, nᵒˢ 6, 8, 10 et 12 ; rue des *Serruriers; Basse-Grande-Rue.* Ces maisons s'élèvent en encorbellement sur la rue, à laquelle elles présentent leur pignon.

Au nᵒ 68 de la Grande-Rue, on voit la **maison du Grand-Veneur,** de style Renaissance. Sur le faîtage, est rangée une série de figures en terre cuite représentant des chasseurs et des animaux.

Cette maison a été classée au rang des **monuments historiques** le 28 mai 1883.

MUSÉUM ET BIBLIOTHÈQUE

(Place des Arts)

——

Dans le même immeuble : le **muséum** au rez-de-chaussée, la **bibliothèque** au premier étage.

L'immeuble a été construit sur l'emplacement de l'église Saint-Thugal. Le sous-sol qui n'a jamais été fouillé renferme les sépultures des seigneurs de Laval.

MUSÉUM

D'HISTOIRE NATURELLE ET D'ARCHÉOLOGIE

(Ouvert au public les jeudi et samedi de 1 à 5 h. et les 1er et 3e dimanches du mois, aux mêmes heures, SANS VACANCES).

Le **Musée d'histoire naturelle** comprend de très importantes collections *géologiques, minéralogiques,* de *roches,* de *fossiles,* de *silex taillés,* une *série ethnographique,* des *pièces d'anthropologie,* une série d'ossements quaternaires remarquable ; un *herbier* départemental et un *herbier* général, don de M. Bouiller ; plus une série presque complète de la *faune* du département.

Les récentes découvertes archéologiques dans les grottes de la vallée de l'Erve, l'ont enrichi notamment d'un **squelette humain** de l'âge du bronze.

Les collections sont admirablement classées et conservées par M. OElhert, auquel ses remarquables travaux ont valu le titre de président de la Société géologique de France.

Musée d'archéologie. (Installé dans une salle contiguë). — Même conservateur que pour le précédent musée.

Parmi les mille objets de remarquable antiquité qu'il contient, citons : l'armure d'un jeune anglais trouvée dans la Mayenne en 1863 et datant du XVe siècle ; la cloche de N.-D. de Pritz (1537) ; un coffret persan du XIIIe siècle, ayant contenu les reliques de Saint-Thugal, etc., etc.

BIBLIOTHÈQUE

(Ouverte tous les jours de 8 h. à 11 h. et de 1 h. à 4 h. les dimanche, jours fériés et lundi exceptés ; fermée du 15 août au 30 septembre).

L'origine de la bibliothèque de Laval remonte au

27 janvier 1794, époque à laquelle une loi prescrivit la réunion au chef-lieu de chaque district, des livres trouvés dans les couvents et communautés et chez les émigrés.

A Laval, le fonds de la bibliothèque fut formé par les ouvrages provenant de l'abbaye de la Roë, des Capucins de Laval, des Frères-Prêcheurs de Craon et des religieux de Château-Gontier.

La bibliothèque de Laval possède aujourd'hui 50,000 volumes choisis, que tout visiteur peut consulter.

De généreux donateurs comme MM. Le Fizelier, Genesley, Couasnier de Launay, ont témoigné de leur intérêt pour la bibliothèque de Laval en lui léguant d'importantes collections de manuscrits et d'ouvrages divers. Cet exemple est à suivre.

Le catalogue jusqu'ici défectueux est activement remanié par M. Le Hir, conservateur.

***

Dans le parcours de la place des Arts à la place de Hercé, se trouvent la *Cathédrale* et de *vieilles fortifications.* (Voyez ces mots).

En arrivant sur la **place de Hercé,** on remarque au n° 3, un hôtel dont la façade est décorée de statues en niches. C'est dans cet hôtel qu'est

décédé en avril 1877, Mgr Wicart, premier évêque de Laval.

Un compositeur de musique, élève de Masse-
net, qui eut son heure de célébrité : M. l'abbé
Baraise, maître de chapelle de la cathédrale, est
mort le 22 octobre 1888, dans la modeste maison
portant le n° 5 de la même place.

MUSÉE DE PEINTURE ET DE SCULPTURE

(Place de Hercé, nº 17)

—

Monument de style grec commencé en **1891**, sous la direction de M. Léopold Ridel, architecte de la ville, auquel il a valu le prix Duc, en 1896.

Dans l'esprit des édiles qui en ont décidé la création, ce musée doit non-seulement servir à recevoir des œuvres d'art, mais il doit être œuvre d'art lui-même. C'est ce qui a motivé la lenteur de sa construction.

Au pied du perron, on voit deux groupes d'animaux en bronze, du sculpteur Gardet.

Les pilastres de la façade sont surmontés de deux statues allégoriques; l'une représentant la Sculpture, l'autre la Peinture. Ces deux groupes décoratifs ont pour auteurs deux prix de Rome, MM. Noël et Allard.

La tête de Minerve est du sculpteur Lequeux.

Ce musée a déjà été l'objet de dotations et de dons importants, dont voici les principaux :

Dotation, sous certaines conditions, de 60,000 francs en principal, par M. Charles Landelle, peintre, originaire de Laval ;

Don, par le même de sa collection de tableaux anciens et modernes, et de 150 études peintes par lui (1) ;

Don de M. le baron Alphonse de Rothschild, d'un *Picador espagnol*, haut-relief en bronze, par M. Paul Loiseau-Rousseau ;

Don de M. Noël, sculpteur : 1. Une statue du tombeau du compositeur Rebel. — 2. Un Orphée appartenant à l'Etat. — 3. Une fuite en Egypte, dans le goût florentin ;

Don de M. Louis Tribert : Portrait de Sourdille de la Valette, peint par Meissonnier ;

Don de la maquette du tombeau de Mgr Bougaud, etc., etc.

Lorsque ce musée sera définitivement aménagé il recueillera les principaux tableaux que nous avons trouvés dans les salles de l'Hôtel-de-Ville.

---

(1) En reconnaissance de ces libéralités, le Conseil municipal a donné le nom de Charles-Landelle à la rue qui longe le chevet de la Cathédrale, rue dans laquelle est né le donateur.

MANOIR ET JARDIN DE LA PERRINE

(Derrière le Nouveau Musée)

Le manoir de la Perrine existait dès le XIIIe siècle ainsi que le prouve une charte de Guy VIII, datée de La Gravelle, le 3 mars 1293, accordant à Geoffroy et à Hamelin de la Perrine toutes franchises pour leur manoir de la *Perrine*, moyennant la redevance annuelle d'une paire d'éperons dorés.

Cette propriété fut achetée de M. Henri Foucault de Vauguyon, il y a environ dix ans, par la ville de Laval pour la somme de 150,000 francs.

On entre dans ce jardin très pittoresque et fort bien entretenu, par *quatre portes* s'ouvrant l'une sur la place des Éperons, la seconde sur la place de Hercé, les deux autres au haut et au bas de la rue d'Hydouze.

De la *terrasse inférieure* donnant sur la Mayenne on jouit d'un superbe **panorama**.

On a à ses pieds les rochers de *Bout-Agut* sur lesquels s'étagent des jardinets et de nombreuses maisons : entr'autres l'ancienne chapelle de la *Madeleine-du-Roc,* fondée en 1490, par Péan Le Bret et servant aujourd'hui de magasin d'épicerie.

On a devant soi toute la partie nouvelle de la ville située dans la vallée de l'autre côté de l'eau. C'est à gauche : le *Viaduc* où nous conduit une longue file de *bateaux-lavoirs,* et à travers les arches duquel on aperçoit les *Filatures* de Bootz incendiées en partie le 9 août 1895, aujourd'hui reconstruites, les *quais,* le collège de l'*Immaculée-Conception,* la *Gare,* le parc de la *Préfecture,* la chapelle du pensionnat de *Saint-Étienne,* le petit *Lycée* ; c'est en face : l'église *Saint-Vénérand,* les chapelles des *Carmélites,* de la *Miséricorde* (qu'on ne peut visiter) et de *Saint-Michel,* l'hôpital *Saint-Julien* et sa nouvelle chapelle ; c'est à gauche : tout le quartier industriel de la rue de Tours et d'Avénières, duquel émergent les cheminées de l'*usine à gaz,* de la *filature* du Point-du-Jour, des usines de tissage de la *Tisonnière,* de MM. Duchemin, Delatouche, etc., des teintureries de MM. Boissel, Beck, etc., etc.

C'est dans le lointain, du même côté : la chapelle de *Thévalles* et les verdures du *Bois-Gamast.*

On a en côté de soi, en traversant la gracieuse *Mayenne* sur les ponts qui la chevauchent, à sa droite : la vieille église d'*Avénières*, l'importante *usine* Lecomte et Duchemin, et à sa gauche, le *vieux château* et les hauteurs de *Bel-Air*.

En remontant le vallon escarpé de la Perrine, l'horizon s'élargit, les villages s'étoilent dans les campagnes et les deux clochers de *Bonchamp-lès-Laval* (6 kil.) et d'*Argentré* (11 kil.) sont parfaitement distincts.

Le **Manoir** composé d'un corps de bâtiment et d'un avant-corps en demi-cercle, sert de lieu de conférences, de réunions de sociétés peu nombreuses, et d'expositions de dessins.

⁎
⁎ ⁎

En sortant du jardin par la porte haute de la **rue d'Hydouze**, on trouve immédiatement à sa gauche un **petit autel** en plein vent dédié à la *Vierge d'Hydouze*. On invoque cette madone contre le *chômage*.

Vers la fin de 1793, un vieux prêtre de la Vendée dont on ignore le nom, fut amené près de cette petite chapelle et, après mille mauvais traitements, fut fusillé par les révolutionnaires.

Dans cette même rue, se trouve le **couvent-pensionnat** du Sacré-Cœur, construit en 1842, par M. Dard père, architecte.

*
* *

Au numéro 10 de la rue voisine, dite *rue d'Avénières* ou *grand chemin d'Avénières*, se trouve l'ORPHELINAT, bâti vers l'an 1840.

Les travaux manuels des jeunes orphelines sont réputés pour leur perfection et leur fini.

La **chapelle** entièrement peinte à l'intérieur par M. Gazel, mérite d'être visitée.

GALERIES DE L'INDUSTRIE

(Place du Gast)

—

Ces galeries appelées également *Palais de l'Industrie* étaient surtout connues au siècle dernier et jusqu'au milieu de celui-ci sous le nom de *Halle aux Toiles*. Elles ne se composaient alors que du bâtiment en façade sur la place du Gast, édifié en 1730 avec les débris du château de Montjean.

Sous des abris installés dans la cour, s'opéraient toutes les transactions sur les toiles. Ainsi, dans les premiers six mois de 1814, il fut encore vendu près de 4,000 pièces de toile au marché de Laval.

Par suite de modifications dans les usages industriels, les privilèges des corporations disparaissant, le marché tomba peu à peu.

En 1852, lors de la première exposition organisée par la Société de l'Industrie de la Mayenne, on construisit l'immense quadrilatère en maçonnerie que nous voyons aujourd'hui éclairé par une vitrerie centrale.

Comme il peut facilement contenir plusieurs milliers de personnes, il sert actuellement aux meetings électoraux, aux concerts en musique, aux distributions de prix, aux expositions agricoles, etc.

Somptueusement aménagé pour la circonstance, il a été utilisé le 13 août 1896, comme salle de banquet, lors de la visite à Laval de M. Félix Faure, président de la République.

(Pour visiter, s'adresser à la buvette de l'entrée.)

La façade présente un **fronton** sculpté qui n'est pas sans intérêt : un *écusson*, surmonté d'une couronne royale, tous les deux grattés, est accosté de deux personnages ailés ; en bas deux petits anges tiennent les attributs du tissage : celui de gauche s'appuie d'une main sur une aune et de l'autre sur un tronc dans lequel il fait sa recette, au-dessous on voit une pièce de toile pliée ; celui de droite tient dans la main une navette de tisserand ; on lit plus bas sur les montants de la porte : anno 1731.

A l'angle N.-E., se trouve la **chapelle protestante**. Sur une plaque de marbre au-dessus de la porte, on lit : *Eglise réformée*, et sur la porte : *Entrée du Culte évangélique*. Organiste : Mme Beck, à la Fournière.

(Les clefs sont entre les mains de M. Gresly,
pâtissier, Basse-Grande-Rue).

L'ÉVÊCHÉ [1]

(Rue de l'Évêché, n° 12)

—

Elégante construction, de style Renaissance, bâtie sur des terrains généreusement donnés à la fabrique de la Trinité par Mme de Vaufleury, et contenant avec leurs dépendances, environ 2 hectares.

Pose et bénédiction de la première pierre, le 7 mai 1857.

Coût de l'édifice achevé : 280,000 francs.

Architecte : M. Edouard Lambert, de Paris (rue des Saints-Pères).

Le premier évêque de Laval, Mgr Wicart, s'y installa en 1861.

Lui succédèrent : NN. SS. Le Hardy du Marais, décédé en 1886; Maréchal, décédé en 1887; Bougaud, décédé en 1888; Clérel, décédé en 1895.

Le siège épiscopal est aujourd'hui occupé par Mgr Pierre-Joseph Geay, ancien curé de la Primatiale de Lyon, né en 1845, à Saint-Symphorien-sur-Coise (Rhône).

---

(1) Pour l'érection de Laval en évêché, voir page 11.

LE LYCÉE

(Rue du même nom, nº 17)

Ancien couvent d'Ursulines fondé en 1625. Les religieuses en ayant été dépossédées le 29 septembre 1792, les bâtiments furent donnés au Collège. En 1842, la ville le céda au gouvernement qui y établit un Collège royal inauguré le 10 octobre de la même année. L'empire l'érigea en lycée impérial.

En 1870, le Lycée de Laval fut occupé par l'état-major du général Chanzy.

Les importants agrandissements dont cet établissement a été l'objet, ont été effectués en 1875, sous le provisorat non oublié de M. l'abbé Follioley.

Des hommes devenus illustres ont fait leurs études au Lycée de Laval : de ce nombre est le colonel Flatters, chef de la mission massacrée au pays des Touaregs en 1881, auquel un **monument commémoratif** a été élevé dans la *salle des fêtes*, pour perpétuer le souvenir de sa mort héroïque.

La **chapelle,** autrefois dédiée à Sainte-Hélène, est à peu près restée la même qu'au temps des Ursulines.

LES TRAPPISTINES

A la Coudre *(Boulevard extérieur)*

Ces religieuses occupaient depuis l'an 1823 l'ancien couvent de Sainte-Catherine dans lequel elles s'adonnaient à l'enseignement des enfants pauvres de Laval. Un crédit de 200 fr. leur était accordé par la ville depuis 1826, elles en demandèrent l'augmentation en 1837. Leur demande ayant été rejetée par le Conseil municipal, elles vendirent leur propriété de Sainte-Catherine et achetèrent du terrain au lieu de la Coudre, commune d'Avénières, depuis annexée à la commune de Laval.

Le 25 mars 1857, fut posée la première pierre du nouveau couvent, celui-ci prit le nom de *N.-D. du Salut de l'Immaculée-Conception.*

C'est un immense bâtiment carré avec cour intérieure dont la chapelle forme un des côtés. Toutes les ouvertures se ferment en ogive. La sévérité de l'architecture rappelle celle des moustiers du XI⁰ siècle. Architecte : M. Beignet, d'Angers.

La **chapelle** seule est visible.

La communauté fait un grand commerce de beurre et de fromage.

*
* *

MAISON D'AMBROISE PARÉ
(Rue du Bourg-Hersent, n°s 32-34)

La tradition populaire veut que ce soit dans cette maison que naquit, vers l'an 1510, l'illustre Père de la chirurgie, Ambroise Paré.

Nous n'y contredirons point.

La maison porte comme caractère du temps une porte-cochère de plein-cintre, une grande fenêtre avec croisillon de pierre, surmontée d'une plus petite fenêtre géminée.

Dans la cour : quelques fenêtres dont les montants et les appuis sont rongés par le temps.

Au pignon oriental, on remarque, dans une sorte de niche, de vieilles statues — saint Roch entr'autres — provenant sans doute d'une chapelle voisine, dite de Saint-Jacques, établie par Guillaume Davoust et Michelle, sa femme, au XVe siècle, et aujourd'hui détruite.

HOSPICE SAINT-LOUIS

(Rue de Nantes, n° 68)

—

Fondé en 1678, par le P. Honoré Chaurand, jésuite, qui de 1650 à 1697, créa en France cent vingt-six hôpitaux ; reconnu par lettres patentes de Louis XIV en août 1682, enregistrées au Parlement, le 7 septembre 1684.

L'hospice Saint-Louis occupa jusqu'en 1847 les terrains actuellement en bordure de la rue du Vieux-Saint-Louis, près la place de l'Hôtel-de-Ville. A cette époque, la Mayenne coulait encore à ses pieds.

Ces immeubles devenant de plus en plus insuffisants, l'administration hospitalière acheta, en 1840, les terrains de la Guinoisellerie, situés à l'extrémité ouest de la ville ; le 17 juillet 1843 fut posée la première pierre de l'hospice actuel, et en novembre 1847, commença l'occupation des nouveaux bâtiments.

Le gros œuvre a coûté près de 500,000 francs.

Architecte : M. Moll, de Paris.

Cet hospice sert d'asile pour les vieillards et les enfants abandonnés ; il renferme une école de sourds-muets et une crèche pour les nouveaux-nés. Sa population est d'environ 400 habitants.

Vestibule d'entrée. Deux plaques de marbre indiquent le nom des bienfaiteurs, depuis Hamon, seigneur de Laval, au XIe siècle, jusqu'à M. et Mme Perrier-Lamotte (1895).

A gauche se trouve la *crèche*.

La **cour intérieure,** vaste quadrilatère entouré au rez-de-chaussée et en partie à l'étage de galeries couvertes disposées en arcades.

La **chapelle** au milieu dé la cour. Agrandie il y a quelques années par M. Hawke. architecte.

La *façade* présente un haut relief sculpté au fronton : *Saint-Vincent-de-Paul* baptisant les petits enfants que lui présentent les sœurs de son Ordre.

La *nef* est éclairée de chaque côté par deux fenêtres à arc surbaissé, ornées de grisailles, et par la triple fenêtre de la façade. Vitrail de la baie du milieu : *Saint-Louis*, roi de France.

Plafond horizontal à caissons ornementés.

Les *tribunes* supérieures correspondent avec les dortoirs.

Deux petits *oratoires* à gauche et à droite contiennent respectivement les tableaux de *Saint-François-Xavier* et de *Saint-Stanislas-Kostka.*

Le *chevet* en demi-cercle, ainsi que les murs en retour sont couverts d'élégantes boiseries.

Vitrail du chevet : La *Vierge-Reine*, ayant pour encadrement les attributs des litanies de Lorette.

*
* *

En descendant la rue de Nantes, on voit à gauche l'**École normale de filles** (rue des Tuyaux, nº 1), construite en 1886, par M. Hawke, architecte ; à droite, la **chapelle des Frères** (rue des Tuyaux, nº 24), bâtie par le même, en 1876.

La **Banque de France** (rue de Bretagne, nº 26), fait face à la rue de Nantes.

La succursale de la Banque de France fut établie à Laval par décret du 17 juin 1857. L'immeuble qu'elle occupe avait été bâti vers 1850, par M. Doudet, sous-architecte diocésain, pour son usage personnel. Après plusieurs transmissions, il est devenu la propriété de la Banque.

La **Villa Saint-Martin** (rue de Bretagne, nº 45), servit pendant une dizaine d'années aux réunions maçonniques, jusqu'en 1871, époque à laquelle la Loge de Laval fut dissoute. Son existence remontait au moins à l'année 1814, car nous voyons, à cette date, « la Loge et le Chapitre de la *Constance*, faisant déposer chez M. Rendu, notaire à Paris, le montant de leur offrande pour la statue d'Henri IV. »

Une tentative faite assez récemment pour relever la loge de Laval, est restée infructueuse.

HAUTE-FOLLIS

(Rue du même nom, n° 17)

Sur l'emplacement de l'ancien manoir des seigneurs de Haute-Folie, dont les terrasses dominent encore le *village des Vaux*, se tient le **Pensionnat de Haute-Follis,** dirigé par les Dames des Sacrés-Cœurs et de l'Adoration perpétuelle, dont la maison-mère est à Paris, rue de Picpus.

L'immeuble fut acheté en 1816, par l'abbé René-François Morin, qui y fonda un pensionnat de jeunes filles, devenu et resté florissant. La propriété qui ne contient pas moins de 5 hectares en bâtiments, cours, parc et jardins, est traversée par les deux lignes ferrées de Paris à Brest et de Laval à Châteaubriant. Un pont relie les deux parcelles. Au pied du pont, se trouve l'*embranchement* des deux lignes de chemin de fer.

On accède à la **chapelle** par le perron de l'aile

droite. Cette aile à l'intérieur est réservée au public.

* *

On se rend de Haute-Follis au grand séminaire en suivant le chemin parallèle à la voie ferrée. De l'autre côté de la ligne, se tiennent la *caserne Schneider* (1876), bâtie sur le lieu des Ormeaux, nom d'un village qu'on appelait aussi la *Terre-Sainte*, par antinomie, à cause de la population peu salubre qui l'habitait, le *Champ de manœuvres* (1875), au bas duquel, en 1870, environ 200 chevaux atteints du typhus furent encavés ; — là aussi se trouve la *poudrière*.

On laisse à gauche l'ancien **couvent de Sainte-Catherine**, aujourd'hui loué pour maisons ouvrières.

Fondé vers l'an 1230, par Avoise de Craon, incendié en 1776 avec sa bibliothèque et son chartrier, le prieuré de Sainte-Catherine a occupé une large place dans notre histoire locale.

LE SÉMINAIRE

(Rue du même nom)

Le 15 octobre 1856, Mgr Wicart annonçait à ses diocésains la construction d'un grand séminaire à Laval. En trois mois une somme de 250,000 francs fut réunie dans ce but. La dépense excède aujourd'hui un million. Le terrain fut donné par l'État.

Le 28 août 1859, la première pierre de la chapelle était posée par l'évêque et le synode diocésain, sous l'invocation spéciale de Saint-Thuribe, premier compagnon et premier successeur de Saint-Julien.

L'ouverture partielle du séminaire eut lieu le 1er décembre 1860.

L'architecte fut M. Edouard Lambert, de Paris; c'est sur ses plans que l'aile sud est continuée en 1896.

La chapelle laissée sur ses premières assises, a été construite récemment (1892) sur un plan tout autre que le plan primitif, par MM. Coquart et Formigé, architectes à Paris.

Long de 100 mètres, bâti en forme de double T, le séminaire présente un corps principal dont la façade aspecte le levant, et deux ailes, l'une au nord, l'autre au midi.

Sa situation sur la haute colline de Beauregard, le

fait apercevoir de tous les points de la ville. Du haut de la rue Magenta, près de la gare, les fenêtres de ses deux façades se faisant vis-à-vis à travers les impostes juxtaposés des portes intérieures, on le voit ajouré de part en part.

(Pour visiter, s'adresser au concierge.)

Du **belvédère** qui couronne le monument, on jouit d'un magnifique *panorama* dont M. Collet, photographe, a fixé les tableaux successifs.

Dans ce belvédère se trouve une **cloche** du poids de 422 livres, nommée la *Luanne* (contraction de Lucie-Anne) et fondue en 1495. C'était autrefois la cloche de l'église Saint-Thugal et concurremment la cloche communale de Laval : elle sonnait pour les réunions à l'Hôtel-de-Ville, pour le tocsin, pour certains offices des chanoines et pour l'*Angelus*, réglant ainsi la sortie des ateliers.

La CHAPELLE est un véritable joyau d'architecture, d'aspect imposant pour ne pas dire sévère, malgré sa facture Renaissance.

La *nef* spacieuse est éclairée par dix fenêtres de plein-cintre. De chaque côté intérieur de la porte d'entrée se voient deux tableaux corrects : la *Présentation* et l'*Adoration des Mages*.

A gauche, **l'autel de St-Thomas-d'Aquin** dont on remarque la statue ; à droite, **l'autel du Sacré-Cœur**.

Le maître-autel est en marbre blanc ; la table en est soutenue par quatre colonnettes de jaspe, entre lesquelles, sur le tombeau du fond se voient trois croix grecques. Il est surmonté d'un haut *ciborium* qui a, entre autres inconvénients, celui de cacher la verrière du chevet.

Les vitraux des cinq fenêtres du chœur sont sortis des ateliers de M. Alleaume, peintre-verrier à Laval (1894).

Verrière centrale : le *Christ enseignant* ; verrières de gauche : *Saint-Marc* et *Saint-Luc* ; verrières de droite : *Saint-Mathieu* et *Saint-Jean*. L'ensemble de ces vitraux est magistral.

La peinture de la voûte, une *Assomption* sur un ciel semé de piquets de lys est d'une harmonieuse facture. L'ornemaniste réputé qui en est l'auteur est M. Dominique Guifard (1), de Paris.

La crypte qui s'étend sous la chapelle n'a encore reçu aucune ornementation. Mgr Wicart manifesta toujours le désir de reposer finalement

______

(1) Né à Angers, élève de Dauban et de Denuelle, auteur de travaux au château de Chantilly et à l'Hôtel-de-Ville de Paris.

dans la chapelle du séminaire qu'il avait fondé; la crypte paraîtrait tout indiquée pour recevoir son tombeau.

*
* *

Le Séminaire est voisin du *Cercle de Beauregard*, des hôtels de *Bel-Air*, de *Bellevue*, de *Beau-Soleil*, du *Britais*, du *Grand-Beauregard*, etc.

VIEILLES FORTIFICATIONS

Il reste encore d'importants vestiges des fortifications construites par Guy II au XIe siècle; les principaux sont la **Porte-Beucheresse** et la **Tour des Eperons**. La **Tour Renaise** qui est un magnifique spécimen des ouvrages de défense féodale, date du XVe siècle.

LA PORTE-BEUCHERESSE
Place Hardy-de-Lévaré.

C'est en 1758 que Hardy-de-Lévaré, premier maire électif de Laval, commença la démolition des ouvrages de défense, redoutes, fossés, etc., existant en avant de cette porte, en vue d'agrandir la place du Marché. Peu à peu, la plupart des vieux remparts firent place à des maisons d'habitation.

La Porte-Beucheresse qui commande l'entrée de la rue des Serruriers est flanquée de deux

grosses tours rondes qu'on a récemment défigu-
rées pour y établir une boulangerie et un débit
de vins.

LA TOUR DES ÉPERONS
Rue des Chevaux, n° 6.

Cette tour est la propriété particulière de la
famille Duverger qui habite à cette adresse:
M. Duverger se fait un plaisir de servir de guide
aux étrangers désireux de la visiter.

A son sommet, elle forme une sorte de **belvédère** d'où la vue s'étend jusqu'à la chaîne des
collines des Coëvrons.

Les *machicoulis*, les *barbacanes*, une *courtine*
qui sert de promenade, sont en bon état de conservation. On retrouve aussi çà et là des projectiles de différentes époques.

La courtine conduisait à la porte des Eperons,
qui fut démolie pour s'être laissée surprendre par
les Anglais en 1427.

LA TOUR RENAISE
Rue Renaise, n° 16.

Elle fut bâtie par André de Laval, baron de Lohéac,
maréchal de France et gouverneur du comté de
Laval, en 1433.

VIEILLES FORTIFICATIONS. — La Tour Renaise; le Rempart; le Bourg des Guy.

Après avoir été un ouvrage de défense, elle servit d'arsenal, de poids public et de poudrière. La ville l'aliéna le 31 décembre 1841, à condition qu'elle ne fût pas démolie.

M. Durget, son propriétaire actuel, par d'intelligentes et dispendieuses réparations, en a rendu la visite aussi attrayante qu'instructive.

(Pour visiter, s'adresser au café de la Tour.)

La Tour comporte trois étages superposés, avec une plate-forme supérieure.

Après avoir gravi les 33 degrés qui éloignent le visiteur des bâtiments de service, on arrive à un terre-plein.

Un couloir de 6 mètres de long — l'épaisseur des murs — conduit à une **première salle**. Cette salle voûtée en coupole reçoit la lumière par un soupirail pratiqué obliquement dans la muraille. A la voûte sont fixés de solides anneaux qui sentent la corde.

Une grille carrée en fer couvrant un orifice placé à la clé de la voûte inférieure sert d'entrée au **cachot**. C'est une pièce absolument semblable à la précédente, à cet impressionnant détail près, qu'elle est entièrement privée de lumière.

En remontant au jour, un escalier de 49 marches conduit à la **salle des gardes**, belle et vaste pièce voûtée de 10 mètres sur 8. A droite, est le *chemin du guet* qui aboutit à une grille moderne formant balcon.

Quelques degrés plus haut se trouve le **rempart**, long encore d'une vingtaine de mètres, et communiquant autrefois avec la Porte Renaise.

La plate-forme supérieure est un admirable **observatoire** d'où il est permis de contempler sous un jour particulier le panorama de Laval. Au-dessous du spectateur, à 25 mètres de profondeur, s'étend le *vieux bourg des Guy*, dont l'origine remonte à l'an mil.

PONTS SUR LA MAYENNE

En suivant le cours de la Mayenne (du nord au sud) on rencontre quatre ponts : le Viaduc et sa passerelle, le Pont-Neuf, le Vieux-Pont, le Pont d'Avénières.

I.

LE VIADUC DU CHEMIN DE FER

Le Viaduc achevé en 1858, fut construit par un jeune ingénieur, M. Eugène Caillaux (1), auquel il valut la croix. Le surveillant des travaux du pont et de ses abords était M. Chauderlot, conducteur des ponts-et-chaussées.

Cet ouvrage d'art mesure 180 mètres de longueur sur 25 mètres de hauteur ; il s'appuie sur neuf arches prenant pied tant dans la Mayenne que sur les quais adjacents ; on en admire la légéreté et la solidité.

---

(1) M. Caillaux, devenu depuis ministre des travaux publics, est décédé en 1896.

Sa construction exigea 20,000 mètres cubes de matériaux, 2,500 mètres cubes de chaux, 80,000 journées d'ouvriers. Il coûta plus d'un million.

M. Billault, ministre de l'intérieur, inaugurant ce tronçon du chemin de fer de l'Ouest jusqu'à Rennes ne put résister au désir de contempler le merveilleux panorama qui s'offrait à sa vue et pendant un quart d'heure, il fit arrêter le train au milieu du pont.

Le voyageur quittant la gare de Laval pour se diriger sur Rennes ou Châteaubriant ne manquera pas d'admirer ce **panorama** unique sur toute la ligne de l'Ouest, cette vue d'ensemble sur Laval qui fait pendant quelques minutes l'émerveillement des yeux.

La vue sur la Mayenne en amont n'est point non plus indifférente. Ici, c'est l'*Ecole normale* et ses jardins scrupuleusement entretenus; l'*Ecole de natation*; plus loin, la *filature* de Bootz relevée de ses ruines; la *minoterie* de Bootz et tout le pittoresque horizon que bornent les collines de Changé.

La **passerelle** appuyée sur les assises du Viaduc sert exclusivement aux piétons. Elle fut établie en 1866.

LAVAL MODERNE

Le Viaduc

II.

LE PONT-NEUF

Situé sur la principale artère de la ville, formée par les rues de Paris, de la Paix, place de l'Hôtel-de-Ville, rues de Joinville et de Bretagne. Cette artère en ligne droite mesure plus de deux kilomètres.

La première pierre en fut posée le 15 août 1812, et le passage livré au public le 1er janvier 1824.

Le Pont-Neuf fut à péage jusqu'en 1838.

Il se compose de trois arches en anse de panier, de 20 mètres d'ouverture, chacune; il est en maçonnerie avec parements en pierres de granit taillé. C'est le pont le plus passager de la ville.

III.

LE VIEUX-PONT

Bâti par Guy II, seigneur de Laval, au commencement du XIe siècle, en remplacement du pont précédent en bois qui était l'ouvrage de Bélaillé.

Il est à trois arches. Les piles sont partagées par des contreforts triangulaires; l'arche centrale est la plus élevée, les autres s'abaissent en s'approchant des rives. De petites arches supplémentaires s'avancent dans la rue du Pont-de-Mayenne et du côté de la Grand'Rue. Les quais et les constructions neuves ont empiété sur ces arches qui servent de caves aux maisons voisines.

C'est un des derniers vestiges dans l'ouest de la France des ponts du style roman du XIe siècle.

Le Vieux-Pont de Laval réveille les plus palpitants souvenirs historiques. Sur lui s'est dessinée l'ombre de Saint-Bernard, de Clisson, de Duguesclin, du connétable de Montmorency, de Charles VIII, de Henri IV, de Coligny, de la Trémoille, de Lohéac, d'Ambroise de Loré, de Lescure, de la Rochejacquelein, de Marceau, de Hoche.

Il fut jusqu'en 1824, c'est-à-dire pendant huit siècles, le seul pont qui reliât dans la ville les deux rives de la Mayenne.

IV.

PONT D'AVÉNIÈRES

Une ordonnance royale du 16 décembre 1838 avait autorisé la construction d'un *pont suspendu* sur la Mayenne, à Avénières, au lieu du bac qui desservait les deux rives en cet endroit.

Le pont de fer était à péage. Il se rompit en février 1847 et causa mort d'homme.

Racheté par la ville (1870), il fut remplacé par le pont en pierres que nous voyons aujourd'hui.

Ce pont est à trois arches en arc de cercle, de 20 mètres de largeur et de 2^m50 de flèche. Les bardeaux sont en pierre de taille et les **tympans** en moellons calcaires.

Il fut ouvert à la circulation en 1874.

PONTS DU CHEMIN DE FER

En descendant la voie ferrée de Paris à Brest, on trouve dans la traversée de la ville et de la commune de Laval, les ouvrages d'art suivants :

En superstructure :

1°) Le *Pont de Paris*, situé route du même nom ; il domine la gare dans toute son étendue ;

2°) Le *Pont du Séminaire* auprès duquel des travaux de défense furent pratiqués en 1870 pour protéger la gare ;

3°) Le *Pont de Haute-Follis ;*

4°) Le *Pont des Bézières,* près du village de ce nom ;

5°) Le *Pont d'Aligné,* à 150 mètres du précédent sur la ligne de Laval à Châteaubriant.

En substructure :

1°) Le *Pont Solférino*, appelé encore *Pont de Bootz*, rue Solférino ;

2°) Le *Viaduc* ;

3°) Le petit *Pont de Bel-Air* ;

4°) Le *Pont Biais*, situé rue d'Ernée, ainsi nommé à cause de sa disposition oblique ;

5°) Le *Pont des Vaux* qui donne communication avec la campagne.

L'HOPITAL SAINT-JULIEN

(Quai Paul-Boudet, n° 3, et rue Sainte-Anne, n° 2)

———

« La Maison-Dieu de Monsieur Saint-Julien » fut fondée, disent les vieux chroniqueurs, en l'an 930, par Yves II, seigneur de Laval, et Avoise de Mathefelon, sa femme. Les historiens modernes (1) procédant par induction, affirment que l'hôpital et son église furent bâtis vers la fin du XII° siècle, postérieurement à la construction du Vieux-Pont.

Il fut refait à neuf en 1646 par les habitants de la Ville, puis successivement agrandi.

En 1648, des religieuses Augustines venues de la Flèche, avec lesquelles la Ville passa traité, prirent la direction de l'hôpital. Aujourd'hui ce sont encore des religieuses du même ordre qui soignent les malades.

La partie neuve qui longe la rue Sainte-Anne a été édifiée en 1875, par M. Lambert, architecte.

La communauté proprement dite se tient dans les vieux bâtiments. On y remarque une

———

(1) Le Fizelier et Bertrand de Broussillon.

ancienne **horloge** construite en 1727, par Bodin, d'Angers, et remaniée en 1887, par M. Decré, habile horloger lavallois.

La **chapelle** dont la première pierre a été posée le 23 octobre 1895, a pour architecte M. Léopold Ridel, de Laval. De style roman-florentin, elle s'annonce comme devant être d'une suprême élégance.

*
* *

Au croisement des rues d'Ambroise-Paré et du Pont-de-Mayenne, existait autrefois une ancienne hôtellerie nommée la *Sirène,* qui donnait son nom au carrefour.

A peu près sur le même emplacement, s'élève aujourd'hui une maison datée de 1773, sur le balcon de laquelle est figurée une sirène; on l'appelle la **Tête-de-Bois**.

LA PREFECTURE

(Place du même nom)

———

Les Jacobins s'étaient établis à Laval, au lieu de la Trinquerie, en 1486. En 1489, ils posèrent la première pierre de leur église dite : N.-D. de Bonne-Encontre. Jeanne de Laval, sœur de Guy XV, reine de Sicile, en fit construire le portail avec les armoiries de Laval. Les chroniqueurs du temps s'accordent à dire que cette église fut une merveille ; nous avons rencontré des restes de son mobilier dans l'église de Saint-Vénérand.

La Préfecture actuelle de la Mayenne occupe l'emplacement de ce couvent, acheté en 1792 par la commune, pour 4,585 francs, et racheté par le département au même prix, le 19 pluviôse, an X.

La façade occidentale de l'hôtel a été bâtie sur la ligne et sur les fondements de la maison conventuelle des Jacobins.

M. Voimier, architecte, dirigea les travaux d'appropriation en 1819.

L'hôtel de la Préfecture est une vaste construction quadrangulaire, sans grand caractère architectural. Ses parcs et jardins étendus lui donnent entrée sur quatre voies publiques : la place de la Préfecture, les rues Mazagran, Ambroise-Paré et de la Paix.

Au sujet de cet édifice départemental, il y a lieu de rappeler un fait historique ayant trait à la guerre franco-allemande.

« Le 16 janvier 1871, dans la soirée, le général Chanzy qui commandait en chef la deuxième armée de la Loire, se rendit à Laval où l'amiral Jauréguiberry, avec le 16ᵉ corps, l'avait précédé de quelques heures.

« Le lendemain, le général de Curten vint aussi à Laval avec sa division, maintenue compacte malgré des marches pénibles.

« Les généraux décidèrent de se défendre énergiquement, et le lendemain, à huit heures du matin avait lieu, aux portes de Laval, le combat de Saint-Melaine où nous fûmes victorieux.

« Le 19 janvier, Gambetta, ministre de la guerre et de l'intérieur de la Délégation de Bordeaux, vint s'entendre avec eux sur les mesures à prendre.

« Tous les chefs furent réunis dans un salon de la Préfecture. Là, Gambetta déclara qu'il confiait aux grands noms de la Bretagne, quelles que fussent d'ailleurs leurs opinions personnelles, le commandement des forces destinées à en interdire l'accès à l'ennemi.

« Le 29 janvier, le général Chanzy recevait avis de la signature de l'armistice ; il quitta ses positions et se porta au sud de la Loire ».

Dans l'espace d'un siècle, l'hôtel de la Préfecture a reçu dans ses murs 36 représentants du Gouvernement.

Les archives départementales attiennent à la Préfecture dans une construction annexe. On y peut faire des recherches, après demande motivée adressée au secrétaire-général.

*

Le Théâtre (rue de la Paix, n° 34). La réception en fut faite le 8 juillet 1830; la décoration était de MM. Cambon et Filastre. Il fut complètement restauré en 1855 par M. Barbereau, dit de Saint-Léon, architecte.

La coquette salle peut contenir 700 spectateurs environ.

Concierge : Mme Dubois.

*

La Caisse d'épargne (rue de Cheverus, n° 2). La fondation de la Caisse d'épargne à Laval, date du 20 février 1834. Elle fonctionna à la mairie jusque vers 1864, époque à laquelle fut construit l'hôtel actuel.

Architecte : M. Renous.

De vastes terrains ont été achetés récemment sur le quai du Viaduc, pour la construction d'une nouvelle Caisse d'épargne plus spacieuse et moins modeste.

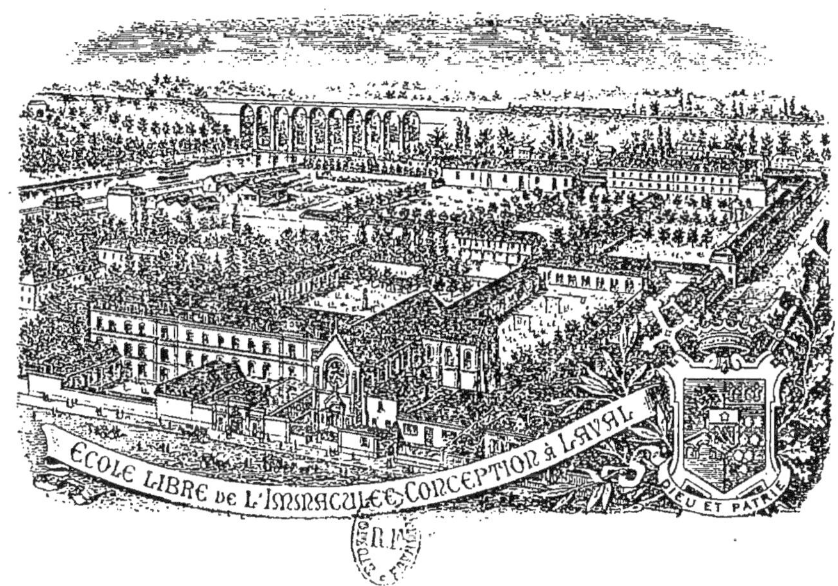
ECOLE LIBRE DE L'IMMACULÉE CONCEPTION À LAVAL
DIEU ET PATRIE

COLLÈGE DE L'IMMACULÉE-CONCEPTION

(Rue Crossardière, n°s 11, 13 et 15)

Établissement d'instruction secondaire fondé en 1865, par M. l'abbé Blu, au n° 3 de la rue du Jeu-de-Paume; transféré en octobre 1870, au lieu qu'il occupe aujourd'hui.

Le 1er mai 1879, il passa aux mains des Oblats du Sacré-Cœur de Pontigny (Yonne), connus dans notre contrée sous le nom de *Pères du Mont-Saint-Michel*, lesquels donnèrent aussitôt une vive impulsion à l'enseignement. Les immeubles durent être agrandis: l'ancienne scierie de M. Regereau fut acquise.

Aujourd'hui le collège occupe presque en entier le quadrilatère formé par les rues Crossardière, de Bootz, Magenta et le quai Béatrix, soit environ 4 hectares en cours, jardins, bosquets, bâtiments. Le ruisseau de Saint-Étienne traverse la propriété.

L'institution est des plus florissantes.

(Pour visiter, s'adresser au portier.)

Sous le **vestibule** d'entrée, couvert d'un vitrage en clair, on remarque les statues de *Saint-Michel* et de *Jeanne d'Arc*.

Le **cloître,** long de 150 mètres, est comme l'artère principale de l'établissement ; les différents services y aboutissent par de multiples issues. Architecte : M. Boret.

La **salle des fêtes** ne contient jamais moins de 1,500 personnes aux trop peu fréquentes réunions si avidement recherchées des élèves, de leurs parents et amis.

LA CHAPELLE, dont la façade inachevée fait vis-à-vis à la rue du Lieutenant, est ouverte au public ; c'est un modeste édifice de style ogival, éclairé de quinze fenêtres, et orné de nombreuses statues. Aux jours de fêtes, les offices religieux sont particulièrement suivis, à cause des belles exécutions musicales qu'y font entendre les élèves.

*
* *

Au n° 6 de la rue de la Gare, existe le *Pensionnat de Saint-Etienne*, dont la **chapelle** fut élevée en 1845 par M. Hamard, architecte au Mans, et auteur de trois projets d'une cathédrale à Laval.

LE PETIT LYCÉE

(Rue de Paris, n° 13)

La ville, désirant suppléer à l'insuffisance du Lycée sous le rapport de la contenance et voulant doter le quartier est d'un établissement universitaire, a fait bâtir le Petit Lycée.

Dans cette construction d'aspect fort simple, M. Léopold Ridel, architecte à Laval, ne s'est départi d'une sobriété certainement voulue qu'afin d'accentuer l'effet des deux motifs principaux de la façade : *l'entrée* et *l'horloge*.

Commencé en 1884, le Petit Lycée fut terminé en 1886 ; il a coûté comme construction proprement dite, 278,498 fr. 84, non compris les honoraires de l'architecte.

Les parements extérieurs sont en pierre d'Allemagne provenant des environs de Caen ; les briques émaillées qui font partie de la décoration extérieure, viennent de la maison Parvillée, de Paris.

La sculpture du motif qui accompagne l'horloge est due au ciseau de M. Vallet, de Nantes.

Le **cadran** de l'horloge avec les armes de Laval en céramique, a été exécuté par MM. Louis et Achille Parvillée, de Paris, d'après les dessins de M. Ridel.

Cet ouvrage est remarquable. Il se compose de 25 pièces : 12 petites, 12 plus grandes portant les heures et une pièce centrale de forme dodécagonale. Ces pièces se relient entre elles par des agrafes et sont maintenues en un seul bloc par une armature générale en fer. Toute la décoration céramique est en outre scellée au « staff » de préférence au ciment, le « staff » résistant à toute action atmosphérique.

A M. Ridel revient l'honneur de l'idée première des cadrans en céramique, à MM. Parvillée le mérite de l'exécution. (1)

Le petit Lycée de Laval compte environ 25 élèves, de premier âge.

---

(1) *Revue de l'Architecture*, Paris, 1887.

LES CIMETIÈRES

L'ancien cimetière de la **Guétière**, situé avenue de la Gare, ne sert plus aux inhumations depuis 1885, un grand nombre de corps en ont été exhumés et déposés dans le nouveau cimetière, dont nous parlons ci-après.

On peut cependant y accomplir un patriotique pèlerinage en se rendant auprès de la **tombe commune** où furent déposés les soldats morts sur le territoire de la commune de Laval, pendant la guerre de 1870. Cette tombe se trouve à l'extrémité sud-est, auprès de la sortie sur la route de Paris.

—o—

Le nouveau cimetière, dit de **Vaufleury**, ouvert depuis 1885, est situé route de Paris, à l'extrémité ouest de la ville. Les pavillons et l'aménagement général sont dus à M. Ridel, architecte de la ville ; les plantations en furent confiées à M. Rabouin, horticulteur.

D'imposants mausolées et de remarquables chapelles funéraires retiennent l'attention du visiteur.

Une croix de malte sur fût de granit domine les deux versants de l'immense nécropole.

Un second portail s'ouvre sur la route du Mans.

ASILE DE LA COCONNIÈRE

(Route du Mans)

———

Les Petites-Sœurs des Pauvres vinrent à Laval en 1851, appelées par la commission administrative des Hospices, pour fonder une maison hospitalière de vieillards. Cette maison fut établie au village de la Coconnière, dans une propriété donnée à cet effet par M. Rufin.

Aujourd'hui, plus de 300 vieillards sont hospitalisés à la Coconnière. La Ville et le Département subventionnent cet établissement de bienfaisance et, chaque jour, les Petites-Sœurs viennent en ville pour recueillir des aumônes en nature.

La **chapelle** construite en 1880 par M. Hawke, est de la plus grande simplicité à l'extérieur comme à l'intérieur. Les ornements : croix, candélabres, sont en bois ; tout y respire la pauvreté selon le Christ.

ENVIRONS DE LAVAL

ENVIRONS DE LAVAL

EXCURSIONS

Nous prenons Laval comme centre d'excursions, c'est-à-dire comme point de départ et de retour de nos itinéraires.

Le **Nord**, l'**Est**, le **Sud** et l'**Ouest** de Laval sont ainsi par nous explorés successivement dans quatre chapitres.

I.

AU NORD DE LAVAL

DE LAVAL A CHANGÉ
(3 kil. 500 m.)

On passe le *Viaduc* sur la rive droite de la Mayenne.

A droite : la *machine élévatoire* des eaux, construite en 1894 par M. Matter, ingénieur ; la *Filature* ; les *moulins* de Bootz ; la vieille église de *Pritz* (voir page 91).

A gauche : le champ de tir de *Tivoli* ; on traverse le *Saut-Gautier*, rocher creusé pour le passage de la route (1) ; sur une hauteur escarpée, la ferme de la *Coudre* ; la *Châtaigneraie* : la vierge que l'on voit sur un fût noueux de colonne adossée à un rideau de rochers, au bord de cette châtaigneraie, fut élevée par les jeunes gens de Changé, tous revenus saufs de la guerre franco-allemande.

CHANGÉ. — Coquette bourgade, rendez-vous favori des promeneurs lavallois. A l'entrée du bourg, à droite : château de M. le vicomte J. d'Alincy d'Elva.

L'église, de style ogival, vient d'être terminée. A l'intérieur, plusieurs tableaux placés dans les transepts sont dignes d'intérêt.

La *cloche* (2) qui date de l'an 1754, a été fondue par J.-B. Dubois.

---

(1) M. Pierre Charon, artiste lavallois qui a fixé par le pinceau les plus beaux sites de la Mayenne, a trouvé en cet endroit le sujet d'une de ses plus belles toiles.

(2) La cloche de Changé porte l'inscription suivante :
Bénie par le curé Rousseau, sous mtre Jean Nourry, ancien curé, et nommée *Marie-Jeanne*, l'an 1754, par Jean-Bretagne-

On peut rentrer de Changé à Laval, soit par le chemin de halage, soit par le chemin vicinal de la rive gauche.

DE CHANGÉ A SAINT-JEAN-SUR-MAYENNE
(4 kil. 500 m.)

A 800 mètres de Changé, au pied du massif de bois et de rocailles qui domine la route, coule une *source d'eau minérale* appréciée. Un petit bassin en maçonnerie recueille l'eau qui tombe en un léger filet de la hauteur d'un mètre.

A droite : le moulin de *Belle-Poule;* le château du *Ricoudet,* à M. le comte C. d'Alincy d'Elva, député, bâti en 1885.

A gauche : le château du *Buart* qui dut un jour à la fortune des cartes un de ses changements de propriétaire.

Charles-Godefroy duc de la Trémoille et de Touars, pair de France, Prince de Tarente, comte de Laval, seigneur châtelain de Saint-Ouën et seigneur patron de cette paroisse, époux de dame Marie-Jeanne-Geneviève de Durfort de Lorge,

Et dame Marie-Françoise Pichot, veuve de messire Jean du Mans, seigneur du Bourg-l'Evêque.

En présence de E. Baduel, vicaire, Jean Planchais, procureur, Salmon, adjoint fiscal au siége ordinaire du comté pairie de Laval.

On passe la *Patte-d'Oie*, nom vulgaire du carrefour formé par la rencontre de la route que nous suivons et de celle de Saint-Germain-le-Fouilloux, à gauche.

On traverse l'Ernée qui, avant de se joindre à la Mayenne s'échappe entre les *ruines d'un pont*, consistant en deux culées et une des piles avec un reste de voûte.

La destruction de ce pont, intéressant pour l'histoire des anciennes voies, paraît remonter au XVe siècle.

SAINT-JEAN-SUR-MAYENNE. — Petit bourg fort pittoresque construit sur une roche calcaire escarpée, dans une presqu'île formée par le confluent de la Mayenne et de l'Ernée.

L'église sans intérêt est faite d'anachronismes.

DE SAINT-JEAN-SUR-MAYENNE A ANDOUILLÉ

(5 kil.)

En sortant du bourg, par la route d'Andouillé, l'œil plonge sur la vallée de l'Ernée. Tout en bas,

se voit le *cottage* de M. Roger Lambelin (1), construit sur l'emplacement d'un moulin.

A environ 1,400 mètres du bourg, le voyageur
élevé à 120 mètres d'altitude arrive à un point de
la route, formant chaussée, domine les deux
vallées de la Mayenne à droite et de l'Ernée à
gauche. Le **panorama** est merveilleux. La capri-
cieuse Ernée forme contraste avec la majestueuse
Mayenne, les hautes et souvent sévères collines
qui bordent celle-ci et les mystérieux lointains
que la trouée de son lit fait entrevoir en amont
ont pour pendant le délicieux tableau de l'immense vallon jalonné d'innombrables peupliers
et les coteaux à la luxuriante chevelure faite
d'arbres de toutes essences, le tout s'éteignant
là-bas dans un brumeux dégradé que domine de
sa silhouette l'église de la Baconnière (12 kil.).

Au fond du tableau, à gauche, sur le coteau
qui détourne brusquement le cours de l'Ernée
s'élève dans un épais bouquet d'arbres, le *château
de Fouilloux*, à M. de Cadaran.

---

(1) M. Roger Lambelin dans *Fils de Chouan*, a ainsi décrit la
bourgade que nous venons de quitter : « Saint-Jean, pittoresque-
« ment planté sur cette croupe rocheuse que contournent l'Ernée
« et la Mayenne avant de se réunir, et à l'horizon tous ces coteaux
« boisés qui prennent une teinte si douce au soleil couchant..... »

De l'autre côté de la Mayenne, sur la colline à droite, on remarque l'ancienne maison des fiefs et de la seigneurie de *la Merveille*, appartenant aujourd'hui à M. Gaultier de Vaucenay ; un peu plus loin en remontant la rivière, le château moderne de la Chaussonnerie, au même.

Reprenant notre route, nous trouvons à gauche : la *Hyaule*, maison de campagne à M. Bretonnière, fabricant.

A droite : un petit chemin rural conduit aux restes d'un ancien camp, appelé communément *Camp des Anglais*, sans que cette dénomination soit toutefois justifiée jusqu'ici par une origine anglaise. Ce camp comprend : 1° un retranchement en forme de queue d'hirondelle ; 2° un plateau dont la déclivité s'étend jusqu'à la Mayenne. Ce camp est enclavé aujourd'hui dans le parc d'Orange.

Par de là la rivière, une crête rocheuse a reçu l'appellation populaire de *Camp Français*, mais ce nom ne dérive non plus d'aucun fait militaire connu.

Revenons à notre route : voici, dans un site enchanteur, le parc et le château d'*Orange* à M. de Causans. Le mur du parc n'a pas moins d'un kilomètre de longueur.

Des collines dénudées et d'aspect sauvage qui s'étagent sur la rive droite de l'Ernée, frappent le regard à l'approche d'Andouillé.

On remarque aussi dans un lointain relatif le château de la *Goinière* à M. Marcel Freulon.

ANDOUILLÉ. — Gros bourg qui doit son importance à l'agriculture et à l'industrie.

L'église, dont la première pierre fut posée le 28 juin 1857, est de style ogival. Elle fut bâtie par un entrepreneur du Mans, lequel avait précédemment édifié l'église de Grez-en-Bouère. Or, le jour de la Toussaint 1859, la voûte de cette dernière s'effondra et fit cinq victimes, dont deux succombèrent.

A un kilomètre ouest du bourg : le château du *Lattay* à M. Gache de la Roche-Courbon, domine la vallée de l'Ernée.

———

D'ANDOUILLÉ A SAINT-JEAN-SUR-MAYENNE PAR MONTFLOURS

(10 kil.)

A 3 kilomètres d'Andouillé, sur les bords de la Mayenne, se trouve le village industriel de **Bui-**

son, comprenant : l'usine de *Rochefort*, qui appartient à la Compagnie française de l'Amiante, société anonyme pour la fabrication de papiers, tissus, fils, cordages et cartonnerie d'amiante ; l'usine de la *Rochelle*, à la Société anonyme la « Néo-Métallurgie », où l'on fabrique des corps durs d'après les dernières données de la science.

M. Chaplet fils, de Laval, a été le créateur de ces sociétés.

MONTFLOURS. — Modeste bourgade que domine une élégante église neuve.

A droite de la route qui revient à Saint-Jean : le château de la *Motte-Serran* à M. le comte du Bourg ; un peu plus loin : l'**Ame**, établissement modèle départemental de pisciculture.

La Mayenne, que côtoie la route, coule là dans une ombreuse et étroite vallée que les collines de chaque rive écrasent de leurs croupes verdoyantes.

Ou arrive en vue du château d'*Orange* qui se montre de l'autre côté de l'eau, dans toute son élégance, accosté de sa chapelle que surplombe un massif de rochers. Paysage peint par Pierre Charon.

Arrivé au pont de Saint-Jean, en face du châeau de la *Girardière* à M. de Chalais, il est loisible au voyageur de rentrer à Laval par Louverné ou par Saint-Germain-le-Fouilloux.

LOUVERNÉ à 3 kil. — Le bourg est coquettement assis en bordure de la route nationale de Paris à Brest.

L'église en style ogival et de construction récente, domine de lointains horizons. La flèche, beau travail de charpenterie, a été construite par M. Guinebretière, maître charpentier à Laval.

L'industrie spéciale au pays consiste dans la fabrication de la chaux et l'extraction des marbres.

Les **Fours a chaux** de la *Barrière*, des *Aumeunes*, des *Grarus*, de la *Vannerie* et les carrières de calcaire et de marbre qui les touchent, sont d'une visite intéressante.

La station du chemin de fer (à 2 kil. du bourg) a été établie presque au milieu de ces groupes industriels avec lesquels elle communique par des voies de garage.

En se rendant à la gare, on laisse à gauche le château de la *Motte* aux héritiers de M. Boudet, ancien ministre.

DE SAINT-JEAN-SUR-MAYENNE A SAINT-GERMAIN-LE-FOUILLOUX

(3 kilomètres 500 mètres)

On suit la route de Laval jusqu'au carrefour de la Patte-d'Oie, où s'amorce la route de Saint-Germain, à droite.

A peine engagé dans cette voie, le voyageur domine la vallée de l'Ernée, à droite. A un moment donné, l'Ernée sinueuse vient se heurter aux travaux de maçonnerie qui soutiennent la route à 50 mètres au-dessus. Le spectacle est attachant.

SAINT-GERMAIN-LE-FOUILLOUX. — Bourgade divisée en deux parties : la partie ancienne groupée autour de la vieille église, la partie nouvelle qui borde la route d'Andouillé.

Les *fours à chaux* de MM. Godeau frères, de Laval, et les carrières de calcaire qui les alimentent, sont la seule industrie de l'endroit.

DE SAINT-GERMAIN-LE-FOUILLOUX A CHANGÉ

(4 kil.)

La route est tortueuse et montueuse.

On traverse le ruisseau de Beauvais, le *Bois de Brunard*, le ruisseau du Buard. Ces deux ruisseaux, avec le ruissean de l'Ame qui débouche sur l'autre rive de la Mayenne au lieu du même nom, sont abondants en écrevisses, dit-on.

Du point culminant de la route (128 mètres d'altitude), on voit l'horizon s'étendre vers le nord jusqu'au bourg de Placé, dans la forêt de Mayenne (14 kil.), et vers le midi, jusqu'aux buttes de la Croix-Bataille (10 kil.).

A droite, le château de la *Jaffetière* à M. le comte J. Regnault d'Evry.

II.

A L'EST DE LAVAL

—

DE LAVAL A BONCHAMP

(6 kil.)

On sort de Laval par la route du Mans, jalonnée de grands arbres formant tunnel jusqu'au château de *Saint-Melaine* (1) à M. Le Breton, sénateur.

Quelques pas plus loin, à gauche, se trouve un **modeste monument** élevé par la Société du Souvenir Français, et inauguré le 16 octobre 1892.

La tête voilée qui émerge de la pierre est l'œuvre du sculpteur Lequeux, de Nantes.

----

(1) Voir la note page 79.

On lit sur le monolithe l'inscription suivante :

A LA MÉMOIRE

DE C. JULHIET
SOUS-LIEUTENANT AU 27ᵉ MOBILES
ET DES SOLDATS FRANÇAIS
QUI TOMBÈRENT ICI
POUR LA DÉFENSE DE LA PATRIE
DANS LE DERNIER COMBAT
LIVRÉ PAR
L'ARMÉE DE LA LOIRE

—

COMBAT DE SAINT-MELAINE
18 JANVIER 1871

Le terrain fut donné par M. le sénateur Le Breton ; l'entourage a été payé par la Ville ; celle-ci a pris aussi l'entretien du monument à sa charge.

Le petit chemin rural, à droite, qui longe les dépendances du château, conduit au village de la *Grenouillère*, où une scierie de marbre fut inaugurée, le 28 germinal an XII (20 avril 1804), en présence du maire Etienne Boudet et du préfet Harmand. Des vestiges des produits de cette usine existent encore sur les lieux.

La rivière de *Saint-Nicolas* qui fait suite à

à l'étang de Barbé et passe à la Grenouillère, est, paraît-il, très poissonneuse.

Reprenant la route du Mans, on traverse la chaussée de *l'étang de Barbé*, au village du même nom. La pièce d'eau très herbeuse est divisée en deux par la ligne du chemin de fer de Laval à Château-Gontier, que nous traversons à niveau à 1,800 mètres de là.

BONCHAMP-LÈS-LAVAL. — **L'église** très intéressante à visiter, date du XIe siècle. La *porte d'entrée* en bois sculpté date de 1756. Les *boiseries* du chœur sont remarquables. Le *grand autel* est du XIIe siècle. La *chaire à prêcher*, bel ouvrage de serrurerie, porte l'inscription suivante : « L'an 1768, j'ai été finie par Lafauce, pendant la procure de Joseph Boucher ».

Le *trésor* de l'église renferme d'anciens accessoires du culte d'une grande valeur, entr'autres un plateau d'argent, un calice et un ciboire du temps de Louis XIII.

On remarque, dans une petite sacristie, à droite, de très vieux meubles, tabernacles, etc., d'un certain intérêt.

Le clocher, d'où la vue s'étend au loin vers l'ouest, renferme deux cloches :

La *grosse cloche* du poids de 1,700 kilos, date de 1858 et a été fondue par Bollée, du Mans (1).

La *petite cloche* pesant 850 kilos, date de 1804 et a pour auteur Guillaume, fondeur à Rennes (2).

(Pour visiter, s'adresser au sacristain.)

Le **presbytère**, ancien couvent des religieuses du Ronceray, d'Angers, qui desservaient Avénières, est contemporain de l'église. Des fossés et des douves le baignent en partie au nord et à l'ouest.

DE BONCHAMP A FORCÉ

(5 kil.).

Du bourg de Bonchamp, le touriste revient sur la route du Mans, qu'il abandonne à 200 mètres

---

(1) La grosse cloche porte cette inscription :
J'ai été nommée Louise-Victoire, par M. Victor Gaulthier de Vaucenay et par dame Louise Guibourg, épouse de M. Patrice-Auguste-Marie-Paul de la Plante, propriétaires en cette paroisse. Curé : M. Laurent Foubert ; de Launay, vicaire.

(2) Inscription de la petite cloche :
Nommée Delphine-Caroline, par M. Jérôme-Charles Frin de Cormeré et par Mᵐᵉ Marie-Delphine Chon, épouse de M. Duchemin du Mottais, propriétaires.
Bénie par M. Poligny. Joseph-Pierre Guyeau, curé de ladite paroisse de Bonchamps. M. Joseph Boucher, maire.
L'an XII ère vulgaire, ère chrétienne 1804.

plus loin, à droite, pour prendre le chemin d'intérêt commun qui rejoint la route de Tours.

A mi-chemin, il traverse le passage à niveau de la ligne de Laval à Château-Gontier, au lieu de la Pichardière.

Il débouche dans la route de Tours après avoir longé pendant 500 mètres, à gauche, les dépendances du château de *Poligné*, dit aujourd'hui **de Waresquiel**, du nom de son propriétaire.

Le voyageur arrivant par le chemin que nous suivons, s'épargnera un kilomètre de route en entrant au château par les bâtiments de service.

En face de la barrière, se trouve le chemin rural de la Cassine, dont nous aurons besoin, après notre visite à la crypte du château.

LA CRYPTE DE WARESQUIEL

(Visible tous les jours entre Pâques et la Toussaint, de midi à 2 heures. — Exception est faite en faveur des étrangers.)

Arrivant par la route de Tours, suivez la longue avenue d'ormes qui s'ouvre à votre gauche.

Au pied du château est un vaste quadrilatère gazonné, bordé de fleurs de saison et percé de quatre soupiraux. C'est au-dessous que se trouve la crypte.

Cette crypte, chapelle souterraine d'un grand luxe, fut élevée par la piété conjugale à la mémoire de madame la comtesse de Waresquiel, née de Saint-Cyr, que la mort surprit sur les flots de l'Adriatique, il y a un peu plus de dix ans.

On accède à la crypte par une porte latérale du château, au nord-ouest.

Onze marches de granit vous descendent à l'entrée d'un couloir étroit, demi-circulaire, pavé de mosaïque, long de 20 mètres, qui s'épanouit sur seize larges degrés, précédant l'entrée de la chapelle.

Le *portique d'entrée*, d'ordre dorique, est en granit de Bretagne d'un mètre d'épaisseur; il est surmonté d'un croix grecque accostée de droite et de gauche de l'*alpha* et de l'*oméga*.

La **nef** longue de 40 mètres, large de 8, avec deux transepts de 5 mètres l'un, a la forme d'une croix latine. La voûte est de plein-cintre en briques, avec arêtes de granit à l'intersection des transepts.

A l'entrée, *bénitiers* en marbre de Carrare sur colonnettes sveltes au piédestal ouvragé.

Les quatorze stations du *Chemin de croix* sont

peintes sur les parois de la chapelle, tout en marbre blanc.

En retrait, deux peintures murales se faisant vis-à-vis : *La Mère du Sauveur* et le *Bon Pasteur*, signées : Cesare Dies, 1889.

TRANSEPT DE GAUCHE. -- Un *buffet d'orgue*, portant dans le panneau inférieur un bas-relief représentant La Douleur; œuvre signée : G. Argenti.

TRANSEPT DE DROITE. — Un **cénotaphe** en marbre blanc représente la morte couchée et, près d'elle, le père agenouillé avec leur fils devant lui. Des bas-reliefs détaillent des épisodes de la vie des époux. Signature : Cassoni, Achille, à Carrare (1889).

Le grand autel que séparent de la nef des balustres en marbre blanc, est supporté par les quatre figures symbolisant les Evangélistes.

C'est derrière cet autel que reposent les restes de celle que le monument remémore.

Çà et là des appliques et des lustres en pur cristal de Venise.

Les artistes critiquent, en général, cette facture ornementale issue de l'art italien moderne, le public, moins pointilleux, se rend assidûment à

Waresquiel, d'où il revient toujours émotionné.

A la sortie, un registre est ouvert, sur lequel les voyageurs peuvent déposer leurs signatures.

Le château de Waresquiel fait partie de la commune de Bonchamp, malgré sa proximité du bourg de Forcé.

FORCÉ. — Rien à remarquer dans cette petite bourgade, sinon la vallée de la Jouanne qui n'est pas indigne d'un coup d'œil.

LA CASSINE

Eglise inachevée semble remonter au temps des Croisades.

Elle était consacrée au Saint-Sépulchre, suivant cette mention du testament de Jeanne Ouvrouin (1er février 1422) :

« Je donne..... en cas que la chapelle du Saint-
« Sépulchre, près Poligné, étant de présent en
« ruines,..... soit couverte et réparée ».

Il ne paraît pas que cette réfection ait jamais eu lieu.

Dans l'état actuel, la Cassine est une ruine intéressante :

Les murs sont construits en pierre ferrugineuse du pays, dite *roussard*.

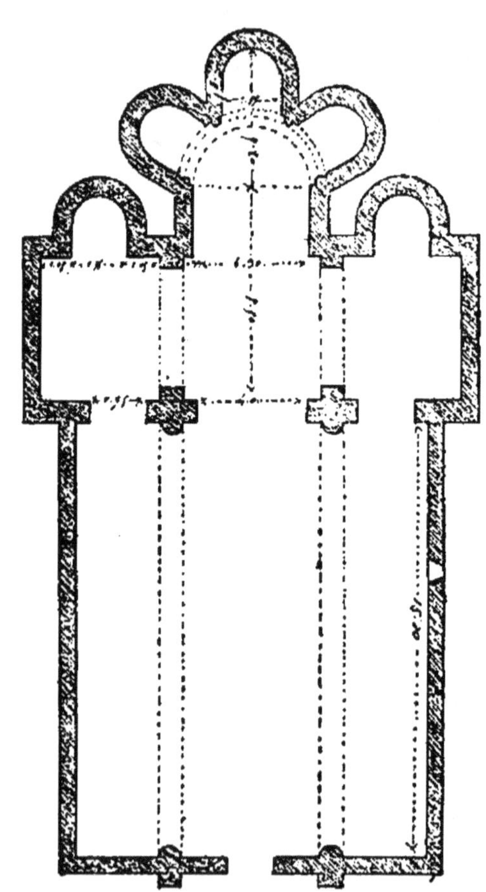

La Cassine. — Plan par terre:

La **nef** avec bas-côtés est large de 14 mètres, le transept est long de 16 m. 50 et large de 6 m. 50, avec deux absidioles.

Le **chœur** voûté en cul-de-four, est accosté de trois absidioles.

La Cassine. — Vue d'ensemble

Ces cinq absidioles dont les murailles sont recouvertes de lierre, présentent l'aspect de tourelles en ruines.

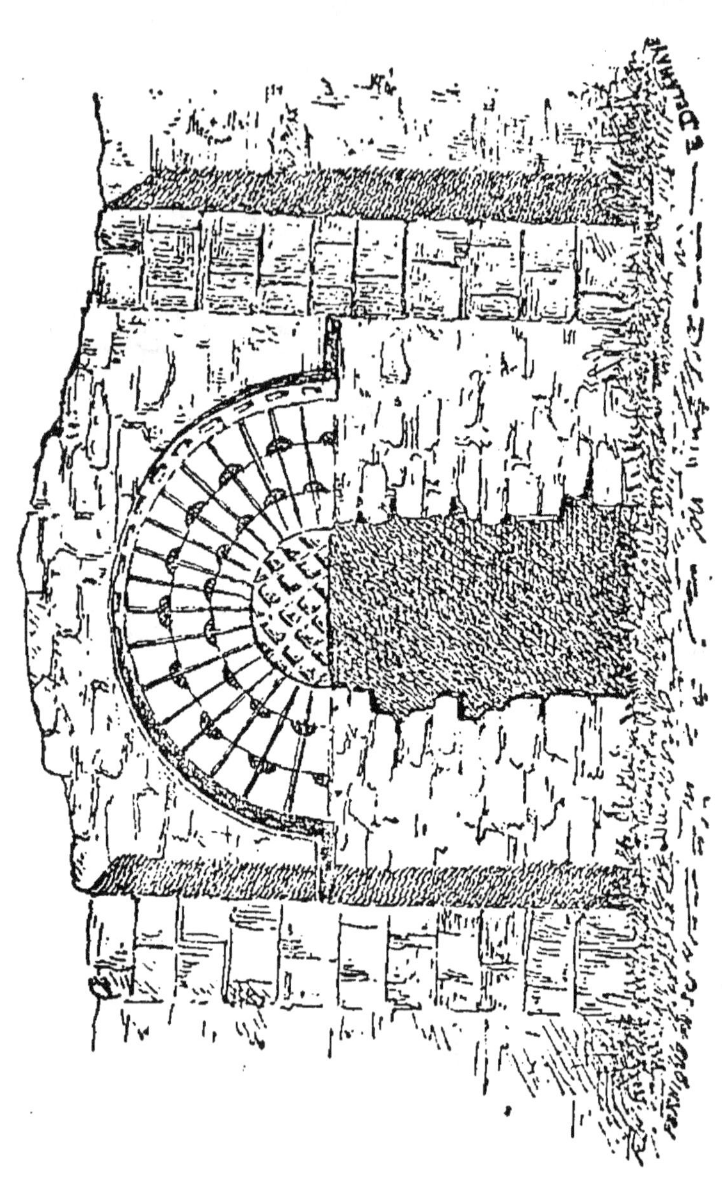

La **porte** aujourd'hui bouchée, a appelé l'attention des archéologues

La Cassine dépend de la ferme voisine qui porte le même nom et sert d'enclos pour divers usages.

(Pour visiter, s'adresser au fermier.)

Un chemin rural débouchant dans le route de Tours, ramène le voyageur dans la direction de Laval (5 kil.).

III.

AU SUD DE LAVAL

—

DE LAVAL A THÉVALLES
(2 kil. 800)

L'excursionniste peut suivre la **rue de Tours,** pour sortir de Laval.

A droite, au n° 116, il rencontrera l'*Usine à gaz.* Cette usine fut fondée à Laval par MM. de Choisy, la réception en fut faite le 25 septembre 1845, et la bénédiction donnée le même jour, par l'évêque du Mans. Le soir, la ville fut illuminée au gaz.

Au n° 117 : maison d'habitation et usine de teinturerie de M. Boissel, maire de Laval (1).

On traverse la petite rivière de Saint-Nicolas.

Au n° 152 : les belles *Pépinières* de M. Morvan-Larose.

---

(1) M. Boissel a été élu sénateur le 3 janvier 1897.

Au *Point-du-Jour*, c'est-à-dire à la bifurcation des routes de Tours et d'Angers, on prendra la route d'Angers à droite. La nouvelle fabrique de la *Tisonnière*, qui se trouve à l'entrée de cette dernière route n'échappera pas aux regards.

Cette usine, construite tout en matériaux ininflammables, paraît appelée à prendre une grande extension.

* * *

On se rend sous bois, entre deux rangées de platanes, au village de Thévalles.

THÉVALLES. — Village de la commune de Laval connu par ses fours à briques et sa poterie grossière. Des spécimens de vieilles poteries sont souvent rencontrés aux environs, sans qu'il soit possible d'en déterminer l'âge.

La famille Sigoigne, de Thévalles, qui exerce principalement cette industrie, remonte à une époque reculée : nous retrouvons, en effet, son nom parmi les victimes de la déroute du Port-Ringeard, qui eut lieu le 2 mai 1593.

La **chapelle** moderne ne présente aucune particularité digne d'être signalée.

En suivant la route, on voit, à droite, la longue

avenue de grands arbres qui précède le château du *Bois-Gamast*, à M. de Meynard.

Le chemin qui s'ouvre à droite, au bas du village, conduit à cette avenue et au village de Saint-Pierre-le-Potier, que nous retrouverons dans cette excursion.

DE THÉVALLES A LA TRAPPE
(7 kil.)

La route, en quittant Thévalles, monte d'abord doucement, puis la côte s'accentue jusqu'au plateau supérieur. Les landes qui bordent la route à mi-côte, sont connues sous le nom de

LANDES DE LA CROIX-BATAILLE

C'est là qu'eut lieu le 25 octobre 1793, la rencontre, aux portes de Laval, de l'armée vendéenne et des soldats de la république formant l'armée de Mayence.

Le 22 septembre 1822, le Conseil général, sur la proposition du préfet, décidait qu'une portion des landes serait convertie en cimetière.

Le 30 août 1829, eut lieu la pose de la première

pierre de la *chapelle expiatoire* qui s'élevait dans la lande, à droite.

Cette chapelle était de style grec, mesurant 5 mètres de large sur 7. Elle avait coûté 12,000 fr.

Le dernier Empire en ayant ordonné la démolition, les matériaux furent vendus en 1869, aux enchères publiques, par le préfet Bergognié, et achetés pour 850 fr. par M. Courgenou, qui s'en servit pour la construction d'une maison au Pâtis-Doré. M. Guays des Touches voulait sauver ce monument à tout prix, mais l'adjudication fut escamotée.

Arrivé au sommet du plateau, au village du Pâtis-Doré, le voyageur en se retournant jouira d'une jolie vue sur Laval.

Presque à l'extrémité du plateau à droite, le château de la *Roche* à M. d'Argencé.

SAINT-JOSEPH-DES-CHAMPS
(A 6 kil. de Laval).

Lieu de pèlerinage très fréquenté.

La **chapelle** dont la première pierre fut bénite le 19 mars 1892, par Mgr Cléret, est de style roman primitif. Verrières de M. Clamens, d'Angers. Architecte : M. Louis Garnier, de Laval.

La statue de Saint-Joseph placée au sommet du pignon de la façade, est en bronze doré : elle est sortie des ateliers de M. Gasne, à Tusey (Meuse).

Continuant la route d'Entrammes, nous laissons à gauche sur un fond de bois, le château de la *Mazure* à M. Tribert ; à droite, le château de la *Coudre* à M. de la Hammonaye ; au haut de la côte, à gauche, le château du *Vallon*, à Mlle d'Argouges ; au bas de la même côte, on voit dans la coulée de terrain qui s'étend vers Entrammes, avec un bois comme fond et une vaste prairie comme premier plan, le château d'*Entrammes* à M. de Montgermont : enfin, en bordure à gauche du chemin qui mène au Port-du-Salut : le château de la *Drujoterie* à M. de la Beauluère.

LA TRAPPE DU PORT-RINGEARD

Le prieuré du Port-Ringeard fut fondé en 1235, par Thibault de Mathefelon, seigneur d'Entrammes.

Nos vieilles chroniques nous montrent les religieux de ce prieuré prenant rang dans les processions du Sacre avec le clergé de Saint-Vénérand. Les mêmes chroniqueurs nous apprennent encore que le 2 mai 1593, « quelques habitants de Laval, peu ins-« truits au métier des armes, sous la conduite du « sieur de la Perraudière et quelques capitaines de « la garnison, s'en allèrent avec telles armes que « chacun put trouver, pour chasser et combattre en-« viron 3,000 anglais et normands qui brulaient et « ruinaient les environs de la ville, lesquels ayant « surpris séparés entre le Port-Ringeard et Bonne, « ils en tuèrent et noyèrent près de 300, tant offi-« ciers que soldats. Les bourgeois, joyeux de leur « avantage, vidaient bouteille au Port-Ringeard, pen-« dant quel temps les anglais, s'étant promptement « rassemblés, passèrent la rivière pour aller à eux; « et les surprenant à leur tour en l'état qu'ils « étaient, ils tuèrent et noyèrent quelques capitaines « et soldats de la garnison et plusieurs des habitants « de tous les états de la ville », dont les noms au nombre de 107 ont été conservés.

Le 12 février 1791, le prieuré fut aliéné et racheté par M. Le Clerc de la Roussière; en juin suivant, le mobilier fut également vendu. Il n'y avait alors dans l'immeuble, depuis un an, que trois vieillards impotents.

En février 1815, les Cisterciens vinrent s'établir au Port-Ringeard que leur donna généreusement M. de la Roussière, et qui prit dès lors le nom de PORT-DU-SALUT. Le 10 décembre 1816, le Port-du-Salut fut érigé en abbaye par bref du pape Pie VII.

Entre autres trappistes célèbres, citons le baron de Géramb, chambellan de l'empereur d'Autriche.

(Pour visiter, s'adresser au Frère portier. Les femmes ne sont pas admises dans l'intérieur de la Trappe ; deux petites salles au rez-de-chaussée et deux à l'étage leur sont réservées au dehors, près de la porterie, où elles peuvent prendre une collation).

Au frontron du portail d'entrée, se lit l'inscription grecque suivante :

PARTHENO THEOTOKO (1)

et au-dessous, l'inscription latine :

Alma domus portûs salutis Dominæ nostræ de Trappâ.

La chapelle reconstruite par les aumônes de toute la France, recueillies par le P. de Géramb, lui-même, fut bénie le 3 juillet 1824, par Mgr de la Myre. Tout y est de la plus grande simplicité : M. Le Clerc de la Roussière, bienfaiteur insigne de la Trappe, décédé le 1er mars 1823, y fut inhumé.

Dans l'escalier qui conduit à la *salle des voyageurs* et à l'*hôtellerie*, on remarque une toile : *Le retour de l'Enfant Prodigue.* Dans l'hôtellerie, à droite, en entrant, se trouve une petite peinture

____

(1) Traduisez : A la Vierge, mère de Dieu.

sur bois d'une grande finesse. Le **menu** de la table de l'hôtellerie consiste en beurre, fromage et bière, le tout fabriqué à la maison : on peut compenser la gratuité de la table par une modeste aumône.

Le *réfectoire des trappistes* est meublé de trois tables longues parallèles. Le repas se compose d'un plat de légumes cuits, d'un morceau de pain et d'un pot de bière. Les murs sont recouverts de sentences comme celle-ci : *Fut-il roi, fut-il berger?* placée sous une tête de mort.

Au-dessus du réfectoire se tient la *salle du chapitre* éclairée de seize fenêtres ; vingt-deux grands tableaux tirés de la vie de Saint-Bernard, en sont le principal ornement.

Cette œuvre pour laquelle les religieux eux-mêmes posèrent devant le peintre, fut composée par M. Hippolyte Beauvais (1), artiste lavallois, qui passa six mois à la Trappe, pour mener à bien ce beau travail.

Au-dessus de cette salle, règne le *dortoir* aux cellules étroites. La troisième cellule à droite était celle du baron de Géramb.

____

(1) Décédé le 27 février 1856.

La partie neuve du monastère a été construite en 1880, par M. Beignet, d'Angers, architecte.

Dans la partie haute des dépendances se trouvent la **fromagerie** fort curieuse à visiter, la *vacherie*, la *porcherie*.

Le touriste tiendra à se rendre à l'extrémité ouest du parc où une *vigne* a été plantée comme expérience, où se dresse un *calvaire* et où s'élève majestueuse, dominant la vallée de la Mayenne, la **statue de N.-D.-du-Triomphe.** Ici, le panorama est splendide : à cinquante mètres au-dessous de vous, au pied des rochers à pic, — coule la Mayenne, formant l'*île de Sainte-Apolline*, à M. F. Outin, où se trouvait encore, il y a 25 ans, une fabrique de papiers ; devant vous à droite : le coteau noir de sapins et de rochers formant le bois de *Bonne*, éclairé du château de M^mo de la Blottais ; devant vous à gauche : le château de *Bonne-Métrie* à Mme Rabeau ; à votre droite, l'œil remonte la trouée de la Mayenne jusqu'au-delà du moulin de Bonne ; à votre gauche : le *moulin de la Trappe*, à 2 paires de meules et 4 cylindres, la **Chapelle-du-bord-de-l'eau**, enfin, au-delà du pont, le château de la *Morlière* à Mlle Le Lasseux.

La chapelle du « bord de l'eau », plus luxueuse que la chapelle intérieure, mais détériorée par l'humidité, est ouverte à tout le monde. On y voit la statue de *N.-D. de Saint-Melaine*, venue de l'ancienne église de ce nom.

** * **

La population du monastère est journellement de 100 à 120 habitants, tant religieux que laïques.

La contenance de la propriété emmurée est d'à peu près 6 hectares et celle des dépendances environnantes de 15 à 16 hectares.

Les moines font un commerce considérable de leurs fromages renommés ; le lait est fourni par les fermiers venant de plusieurs lieues à la ronde. Leur commerce de farines provenant du moulin (80 sacs par jour), n'est pas moins actif : c'est par quantité énormes que se font leurs achats en grains, à l'issue de la récolte. Toute la contrée se ressent de la bienfaisante influence commerciale et de l'inépuisable charité de cette puissante maison de la Trappe, dont la devise, au regard du public, se résume indiscutablement en ces deux mots :

AUMONE et TRAVAIL

DE LA TRAPPE A SAINT-PIERRE-LE-POTIER
PAR L'HUISSERIE *(3 k. 500)*

Une fois la Mayenne traversée, le touriste se retournera vers la Trappe qu'il embrassera d'un coup d'œil dans son ensemble.

Dans le parcours vers l'Huisserie, on voit à quelque distance, sur la gauche, les machines élévatoires des mines d'anthracite de l'Huisserie et de Montigné.

De l'Huisserie jusqu'à Saint-Pierre (1 k. 500) la route descend une déclivité assez rapide ; à mi-côte, à droite, est l'allée du château de la *Houssaye*, à M. le comte G. de Quatrebarbes.

Arrivé à la *cale au charbon* des mines de l'Huisserie, le voyageur se trouve en vue de

SAINT-PIERRE-LE-POTIER

(Pour la traversée de la Mayenne en bac, hêler le batelier. — Prix du passage : 5 centimes).

Ce petit village de la commune de Laval, appelé communément Saint-Pierre tout court, est dénommé dans l'histoire locale : Saint-Pierre-le-Potier, Saint-Pierre-de-la-Poterie, Saint-Pierre-l'Abandonné.

Sa petite **église,** avant d'appartenir aux religieuses du Ronceray, d'Angers, qui desservaient Avénières, au XIe siècle, fut, dit la chronique, un temple d'infidèles. Surmontée d'un modeste campanile, ornée à l'intérieur de dix-huit statues primitives, la petite chapelle est aujourd'hui une propriété privée (Mme veuve Boutreux, de Laval, propriétaire). On y célèbre la messe le jour de la fête patronale.

Saint-Pierre est un lieu d'agréable villégiature, dont la pêche, la friture et les promenades en barque, sont le principal passe-temps.

Sa situation des plus enviables au bord de la Mayenne s'agrémente de collines boisées qui l'enveloppent de trois côtés : le bois de *la Croix*, à l'est; le bois d'*Etrognié*, au midi; le taillis de l'Huisserie, à l'ouest. On y remarque la *Villa-Caprice*, aux multiples et confortables bosquets mis à la disposition des promeneurs.

On peut rentrer à Laval soit par le chemin vicinal de Thévalles dont nous avons parlé en sortant de ce village, soit à travers les prairies par les voyettes qui longent la rive gauche de la Mayenne, soit par la route de l'Huisserie que nous venons de suivre et que nous allons continuer.

DE SAINT-PIERRE A LAVAL
(4 kil.)

La route pavée se déroule entre la Mayenne à droite et le **taillis** de l'Huisserie à gauche, pendant 1500 mètres.

Ce taillis bien aménagé est percé de voies et de sentiers qui en font une promenade recherchée. Il est traversé par le chemin vicinal de Saint-Berthevin à l'Huisserie et s'étend jusqu'à la route de Cossé (2 k. 500). Le château de la *Blancherie*, à M. le baron de Boutray, est situé à l'extrémité nord-ouest du bois.

En face de l'écluse de Queumont, on voit sur l'autre rive l'importante **scierie de marbre** de MM. Folliot et Cie, de Laval. Là, sont façonnés des marbres d'Italie et des marbres du pays provenant des carrières de Saint-Berthevin, de Louverné et d'Argentré, près Laval. Des produits de cette usine sont exposés dans les magasins de MM. Folliot et Cie, place de la Préfecture, n° 3, à Laval.

A 500 mètres de l'écluse, la route en s'écartant de la rivière forme avec celle-ci un angle aigu à la pointe duquel s'ouvre une barrière donnant sur une prairie. C'est la prairie de la *Pignerie*, dans laquelle une famille composée du père, de la mère et de trois enfants, pénétra en voiture et fut précipitée dans la Mayenne par le père qui conduisait l'attelage (10 septembre 1888).

En entrant en ville, on laisse à droite la *fabrique de tissus* de MM. Lecomte et Duchemin, et au delà, l'*Abattoir*, à Avénières.

Le paysage autour d'Avénières, mais surtout en aval, a souvent mérité les honneurs du pinceau (1).

---

(1) M. Bertin, professeur de dessin à Laval, a très heureusement traduit par l'aquarelle les sites variés des bords de la Mayenne, à cet endroit.

IV.

A L'OUEST DE LAVAL

—

DE LAVAL A SAINT-BERTHEVIN

(4 kil.)

Prendre la route nationale de Paris à Brest, tout ombragée par les grands arbres qui la bordent.

On laisse à gauche les fours à chaux du *Bourny*, voisins de la terre seigneuriale de *Rouessée ;* après 3 kilomètres de marche on arrive au passage à niveau n° 1, de la ligne ferrée de Laval à Château-briant.

A un kilomètre sud de la route se trouve la *forêt de Concise* et la *Chaire de Saint-Berthevin*, appelée aussi le *Petit-Saint-Berthevin*.

LA CHAIRE DE SAINT-BERTHEVIN

On y arrive par un petit chemin rural qui s'a-morce au chemin vicinal de Saint-Berthevin à l'Huisserie, à l'entrée de celui-ci dans la route nationale. Quand le chemin est impraticable, on emprunte le passage des champs.

Une croix plantée sur un massif de rochers qu'entoure de chaque côté une futaie, indique le lieu de la chaire de Saint-Berthevin.

Le site autrefois sauvage et paisible est aujourd'hui égayé ou troublé, comme on voudra, par le passage des trains du chemin de fer.

On accède à la *Chaire* proprement dite par de petits sentiers sinueux tracés dans le flanc du coteau rapide et que l'on descend en se tenant aux branchages. La Chaire du saint est une excavation naturelle creusée dans le roc, et dominant à pic, à une certaine hauteur, la rivière du Vicoin qui coule au fond du précipice.

La tradition rapporte que saint Berthevin, intendant de Bélaillé, seigneur de Laval, au IXe siècle, s'était retiré dans ce lieu pour y prier et aussi pour fuir le ressentiment d'une domesticité jalouse de son prestige. Ces indignes serviteurs le surprenant un jour en prières, le jetèrent dans le Vicoin, d'où il fut miraculeusement retiré et transporté à Lisieux, son pays d'origine.

Chaque année, la paroisse de Saint-Berthevin vient processionnellement en pèlerinage à la

Chaire du saint; un sermon est donné du haut du rocher à la foule assemblée dans la prairie, sise au-delà de l'eau.

Les jeunes filles désireuses de se marier dans l'année, ne manquent pas de déposer dans le rocher une petite croix faite avec deux branchettes cueillies dans le bois.

La **Forêt de Concise** d'une contenance aujourd'hui d'environ 600 hectares, couvrait autrefois toute la contrée. Un siècle après saint Berthevin, un autre ermite, saint Guillaume-Firmat, vint l'habiter. On y voyait avant l'établissement de la voie ferrée (1884), entre le moulin de la Roche et le moulin aux Moines, une *grotte* assez profonde et de difficile accès qu'on disait avoir été utilisée par Jean Cottereau, dit Jean Chouan. Cette grotte dont on distingue aujourd'hui à peine la trace, a été comprise dans la tranchée du chemin de fer.

Des sentiers assez compliqués suivant d'abord la rivière en amont et prenant ensuite en écharpe le coteau ouest de la rive gauche du Vicoin, conduisent de la Chaire au bourg de Saint-Berthevin.

Nous revenons à la route nationale au point où nous l'avons quittée.

Le passage à niveau franchi, nous avons à droite le château de la *Fénardière*, à Mme veuve Guerlin.

SAINT-BERTHEVIN-LÈS-LAVAL.—Bourgade chère aux promeneurs lavallois, dont l'industrie de la chaux et des marbres a fait la prospérité.

L'église date de 1730.

Dans le bas du bourg, passé le pont du Vicoin, on voit une **colonne** de granit portant cette inscription :

AU XIᵉ LÉGER

1835-1836

C'est ce régiment qui construisit la route de Cuillé à Saint-Berthevin, laquelle commence à cet endroit ; le 16 avril 1850, son 3ᵉ bataillon alla périr à Angers dans la catastrophe du pont de la Basse-Chaîne.

DE SAINT-BERTHEVIN A CLERMONT
PAR LE GENEST (*9 kil.*)

Nous quittons Saint-Berthevin au milieu du bourg. A environ 800 mètres, au village de la Guélinière, nous prenons à gauche le chemin vicinal du Genest.

Nous passons le Vicoin.

A mesure que l'on monte la côte assez longue,

l'horizon s'élargit. Voici à gauche, dans les prairies, le château de *Courbusson*, à M. Toutain ; plus loin vers l'ouest, dans un bouquet de sapins, le château de la *Bourrière*, à Mme veuve Boisseau-Durocher.

La côte montée, voici à droite, au loin dans la campagne boisée, les divers centres d'exploitation des mines d'anthracite du *Genest ;* les bois du Gravier et de Bâchard, à gauche ; à droite, le chalet du *Flécheray*, à M. Pouteau, de Paris, et la ferme modèle de la *Claverie*, exploitée par M. Gilles-Marie, de Laval, son propriétaire.

Nous franchissons de nouveau le Vicoin et traversons la ligne ferrée de Paris à Brest, dont Le Genest est la première gare au-delà de Laval.

LE GENEST. — Petite bourgade qui fut une station de voie romaine, ainsi que le prouve une pierre milliaire trouvée dans les décombres de sa vieille église, et déposée au musée de Laval.

L'église neuve est de style ogival. Une belle statue de Sainte-Barbe montre que nous sommes dans un pays minier.

Nous suivons le chemin vicinal vers ouest. A notre gauche, la ligne du chemin de fer au-delà de laquelle coule le Vicoin en capricieux contours, les bois du Bas-Coudray, et, au-dessus d'eux, la flèche de la nouvelle église de Saint-Isle. A droite, la maison de maître de l'*Esnaudière*, à MM. de Tanquerel des Planches et Comte G. de Beaulaincourt. A quelques pas du village de la Chrétiennière, à droite, existe une carrière de pierres exploitée par M. Marsollier, du Genest, dans laquelle on trouve de l'antimoine.

Arrivé au chemin de grande communication, nous le suivons à gauche pendant 400 mètres pour entrer, à droite, dans l'allée qui conduit à Clermont.

De cette allée, nous voyons à droite au-dessus d'une pièce d'eau, le château des *Fays*, à Mme Daveaux, propriétaire actuelle de Clermont.

L'ABBAYE DE CLERMONT

Ancienne abbaye de l'ordre de Citeaux, fondée en 1152 par Guy V de Laval, et qui servit de lieu de sépulture aux anciens seigneurs de la même maison.

(Pour visiter, s'adresser au fermier. — Portail d'entrée de l'est).

L'abbaye forme un quadrilatère fermé au nord par la chapelle et des trois autres côtés par les bâtiments du monastère; au milieu règne une cour intérieure.

La chapelle paraît être en entier, sauf quelques détails, de la dernière moitié du XIIe siècle. Son *portail*, flanqué dans toute sa hauteur de quatre énormes contreforts est percé de trois portes et d'une unique fenêtre. La *porte* du milieu n'est ornée que de trois gros tores ou boudins ; celles de chaque côté sont plus simples encore.

L'intérieur nu et délabré est éclairé par 25 fenêtres de plein cintre. Il sert de remise, de hangar et de grange à la ferme voisine.

Au *chœur*, à droite et à gauche respectivement, se tiennent les deux merveilleux TOMBEAUX de Guy XII et Jeanne de Laval, et de Béatrix de Bretagne (1). Ces deux chefs-d'œuvre d'art, du XVe siècle, aujourd'hui dans un état de délabrement avancé, ont été classés comme **monuments historiques** en 1862. Un autre tombeau artistiquement dentelé et ciselé existe à l'entrée du transept de gauche.

Les travaux de battage des blés, d'ensilage des fourrages, etc., qui menacent chaque jour ces monuments de mutilation, font l'angoisse des amis de l'art.

______

(1) Béatrix de Gavres, l'importatrice de l'industrie du tissage dans nos contrées.

De la chapelle, on se rendait encore il y a vingt ans dans le monastère, par un escalier qui prenait pied dans le transept de droite. Ce bel escalier du XVIe siècle a été détruit ainsi que les *cellules* des moines auxquelles il aboutissait. La *sacristie* et la *salle du chapitre* qui sont au-dessous sont livrées à des usages agricoles.

La partie sud du monastère qui est parallèle à la chapelle, renferme au rez-de-chaussée l'habitation du fermier, le *réfectoire* des moines, .a *cuisine* où l'eau de source est amenée des bois d'amont par les mêmes conduits qu'autrefois, trois autres *salles* et un *grand salon*. Une galerie voûtée à dix arcades assez lourdes, fait suite au portail d'entrée à l'est; sur elle s'ouvrent les pièces ci-dessus énumérées.

On arrive à l'étage par un spacieux escalier du temps. Là se trouvaient la *chambre* de l'économe, le *logement* du prieur, la *bibliothèque* et *l'infirmerie*.

Cette partie de l'abbaye qui paraît remonter au XVIIIe siècle, est le fait d'un habile architecte. « On ne saurait, dit le baron de Wismes à propos de la **chambre du prieur,** s'imaginer rien de plus coquet, et, le style du temps accepté, le goût ne peut rien trouver à reprendre dans l'agencement original des boiseries, dans leurs courbes hardies, leurs sculptures pleines de verve. »

La façade extérieure de cette partie du monastère — que l'on voit du chemin de fer — est d'aspect clair et gai.

L'ancien **logis abbatial** qui se détache au sud-est du corps principal apporte un contraste singulier à la construction précédente par ses murs noirs, ses écussons rongés par le temps et les lierres qui l'envahissent.

La partie ouest convertie en écuries, en étables et en porcherie, présente des nefs voûtées reposant sur de frêles colonnettes qui durent servir d'oratoires.

Une *plate-forme* règne au-dessus de la partie sud-ouest de ces nefs, qui permet de contempler le paisible tableau de nature qu'offre le monastère désert au milieu de la verdoyante vallée du Vicoin. Involontairement nous nous reportons de plusieurs siècles en arrière et nous méditons rêveusement... Mais, une locomotive qui passe à toute vapeur et à grand fracas de fer, à 150 mètres de là, nous réveille à la réalité.

Nous sortons de l'abbaye, par les **Quatre-Portes,** curieuse entrée du monastère où a été inséré un logement de fermier; puis, au tic-tac du moulin, nous franchissons la chaussée de l'étang, dans les herbes duquel se tiennent en sûreté, hérons, canards sauvages et autres gibiers d'eau.

DE CLERMONT A OLIVET

(*3 kil. 500*)

Nous revenons au chemin de grande communication à gauche, que nous suivons jusqu'à Olivet.

OLIVET. — **Eglise** neuve d'un beau style; le beffroi, avec ses sveltes colonnes est élégant.

L'étang, jolie pièce d'eau bien régulière, mesure une superficie d'environ 30 hectares. Il a la configuration, nous dit un voyageur qui connaît la Galilée, du lac de Tibériade.

D'OLIVET A SAINT-OUEN-DES-TOITS

(*2 kil.*)

SAINT-OUEN-DES-TOITS. — Gros bourg étagé sur les versants sud et ouest d'un côteau.

L'église, à plusieurs coupoles, vient d'être achevée : architecte, M. Hawcke.

A environ 2 kil. ouest de Saint-Ouën, se trouve la *closerie des Poiriers*, berceau de la famille des

Cottereau, les célèbres partisans. D'après la tradition du pays, la tombe de Jean Chouan, dont l'emplacement exact est ignoré, se trouverait sur la lisière nord du **bois de Misedon,** au pied d'un hêtre, au milieu d'une clairière s'ouvrant en face du pré Chaignon, qui dépend de la closerie.

M. Dreux, aubergiste à Saint-Ouën, affirme avoir en sa possession des plats d'étain ayant appartenu à Jean Cottereau.

DE SAINT-OUEN-DES-TOITS A LAVAL

(*12 kil. 500*)

Rentrant en hâte à Laval, nous brûlons le village des *Chênes-Secs*, point d'intersection de la route de la Baconnière et des chemins vicinaux du Genest et de Changé; après le village des *Landes* et la *Croix de Thuré*, voici le château de la *Taconnière*, à droite, appartenant à M. de Couasnon.

GRENOUX (à 3 kil. de Laval). — Ancienne commune réunie à la ville de Laval en 1863.

Au lieu dit la *Cité de Grenoux,* on retrouve des vestiges d'établissement romain : sur une étendue d'un kilomètre carré on y rencontre des fondations de longues murailles.

Voici quelques traits de l'histoire paroissiale de Grenoux pendant la période révolutionnaire :

En 1792, l'installation du curé intrus Thulot donna lieu à des scènes de dévastation dans l'église et au presbytère, mais les habitants tinrent bon, et l'intrus ne fut pas installé. La paroisse fut alors officiellement remplacée par celle de Notre-Dame de Laval; mais beaucoup de personnes de la ville et de la campagne suivirent quand même le culte à Grenoux où le curé orthodoxe, M. Gourdin, continuait les exercices. Le dimanche 6 novembre, la milice bourgeoise insulta les filles et les femmes qui allaient à la messe et aux vêpres, et les fouetta publiquement.

En 1793, M. Guyau, vicaire à Grenoux, fut déporté à Jersey.

En mai 1795, Grenoux demanda et obtint la réouverture de son église.

L'église fut bâtie sous l'épiscopat de Gervais, évêque du Mans (1035-1055) par des moines de l'abbaye de la Couture, duMans.

Sa forme est d'une croix latine.

Elle se compose d'une nef de plein-cintre, de deux transepts et d'une absidiole; le chœur se termine par une abside en cul-de-four; les ouvertures sont de plein-cintre : le tout dans le pur style roman.

La nef a été rallongée assez récemment.

———

DE LAVAL AU PORT-BRILLET
(Par chemin de fer : 17 kil.)

Prendre place aux portières de gauche pour jouir du panorama sur Laval, et ensuite sur la vallée du Vicoin. Une fois la station du Genest dépassée, ainsi que les deux passages à niveau suivants, se porter à droite pour voir l'abbaye de Clermont.

LE PORT-BRILLET

De temps immémorial, des fonderies ont existé au Port-Brillet. Le sol fécond en gisements ferrugineux fournissait la matière première, et les bois environnants le combustible.

Depuis, les conditions de production et de fabrication ont essentiellement changé, mais le Port-Brillet est plus que jamais un centre industriel de premier ordre.

L'usine comprend une fonderie de fer, une fonderie de bronze, un atelier de constructions métalliques, des fours d'émaillage et de nickelage.

Le poids annuel de la production est de 6000 tonnes, et le nombre d'ouvriers de 300 (1).

(Pour visiter, s'adresser à M. Cossé, directeur).

L'étang, d'une superficie de 40 hectares, donne à l'usine une force motrice de 60 chevaux avec une chute d'eau de 7 mètres 50.

Au bord de l'étang sur la rive sud s'élève le château de M. Chappée, propriétaire de la fonderie. Cette très élégante construction qui vient à peine d'être achevée, a eu pour architecte M. Raoulx, du Mans.

Du chemin de fer qui passe sur la rive opposée, le coup d'œil est enchanteur.

Le bois de Misedon qui commence aux portes du bourg au nord, est d'une contenance d'environ 500 hectares, et le **bois des Gravelles** qui est limitrophe, au sud, ne mesure pas moins de 600 hectares de superficie.

---

(1) Diverses institutions dénotent la sollicitude des patrons de ces usines pour leurs ouvriers :

Société médicale instituée pour les ouvriers malades ou blessés ;

Pensions services aux ouvriers ayant 60 ans d'âge et 20 années de présence à l'usine;

Cités ouvrières, dont les deux principales comprennent 80 logements;

Société de musique instrumentale composée de 60 exécutants ;

Subdivision de Sapeurs-Pompiers de 33 membres.

SAINT-PIERRE-LA-COUR (1)

(Du Port-Brillet à Saint-Pierre-la-Cour, par chemin de fer : 5 kil.)

Fours à chaux des *Grands Feux Vilaines*, des *Petits Feux Vilaines*, de l'*Embûche*, de la *Prise-Gobron*, enfin des *Ruettes*.

La **Cocherie**, importante ferme modèle à M. Saminn-Guichard.

LES LANDES DE LA BROSSINIÈRE

(A 3 kil. de Saint-Pierre-la-Cour, à 4 kil. de Bourgon, à 500 mètres du carrefour formé par la route qui joint les deux localités précédentes et la route du Bourgneuf-la-Forêt).

Ces landes sont célèbres par la victoire remportée sur les Anglais au nombre d'environ 2600 conduits par lord Pole, le 25 septembre 1423, par Ambroise de Loré et le comte d'Aumale, et qui coûta la vie à 1400 Anglais.

Pas une croix, pas une pierre, dit Le Fizelier, ne conserve le souvenir du combat. On n'en saurait plus l'emplacement si une petite lande vierge et inculte, située non loin du village du même nom,

____

(1) Ne pas confondre avec Saint-Pierre-sur-Orthe dénommé encore au commencement du siècle Saint-Pierre-de-la-Cour et situé à l'extrémité E. du département.

n'avait gardé la forme des longs *tumuli* sous lesquels le héraut d'Alençon fit déposer côte à côte les vaillants tombés dans la bataille et où ils dorment depuis 450 ans.

Ces tombelles s'étendent sur trois rangs parallèles de l'est à l'ouest sur une longueur de 150 pieds.

On appelle encore ce lieu désert la *Lande des Caves*.

DE LAVAL AU PERTRE

(20 kil.)

(Un courrier de Laval au Pertre part tous les matins à 3 heures, de la place de l'Hôtel-de-Ville, et rentre à 9 heures le soir).

LE PERTRE

Bien que le Pertre appartienne au département d'Ille-et-Villaine, nous ne pouvons nous empêcher de signaler à nos lecteurs le **panorama** extraordinairement remarquable pour nos contrées, qui se déroule du sommet des tours de son église.

De ce magnifique observatoire, on ne découvre

pas moins de *dix-neuf clochers* dans la Mayenne ni moins de *dix-sept* en Ille-et-Vilaine.

Voici, groupés par contrée, les noms de ces clochers qui jalonnent l'immense horizon, avec les distances qui les séparent du point d'observation.

Dans la Mayenne :

Saint-Cyr-le-Gravelais	600 mètres.
Ruillé-le-Gravelais	6 kilomètres.
Loiron	8 —
Courbeveille	12 —
Montjean	6 —
Cossé-le-Vivien	13 —
Méral	9 —
Beaulieu	4 —
Saint-Poix	8 —
Craon	21 —
Chapelle de la Crue	27
Cuillé	10 —
Juvigné-des-Landes	20 —
La Croixille	17 —
La Baconnière	18 —
Saint-Pierre-la-Cour	7 —
Port-Brillet	9 —
Launay-Villiers	10 —
Sainte-Suzanne	49 —

En Ille-et-Vilaine :

Gennes	9 —
Brielles	6 —

Saint-Germain-du-Pinel.	10 kilomètres.
La Guerche	18 —
Domalain.	15 —
Vergeal	15 —
Janzé	35 —
Etrelles	14 —
La Fauconnerie (chapelle).	»» —
Balazé	17 —
Vitré (les 3 clochers).	15 —
Mondevert	6 —
Erbrée (en construction)	9 —
Montautour	20 —
Saint-M'Hervé	16 —

A TRAVERS LE DÉPARTEMENT

A TRAVERS LE DÉPARTEMENT

MAYENNE

*De Laval à Mayenne, en chemin de fer : 32 kil. —
Entre Commer et Mayenne, on passe un viaduc d'où
— à gauche — la vue est agréable sur la vallée de la
rivière l'Aron.*

Faisons remarquer la similitude de topographie
des trois principales villes du département : Laval,
Mayenne et Château-Gontier. Toutes trois traversées
par la rivière la Mayenne, toutes trois ayant leur vieux
château et leur vieille ville sur la rive droite du
majestueux cours d'eau, et, sur la rive gauche, la gare
et les quartiers neufs qui s'élèvent dans son voisinage,
chacune d'elles présente un tout bien homogène sous
le rapport de la population, sauf pourtant Mayenne,
où l'unification de la ville et du faubourg n'est pas
absolue : nous voulons dire que celle-là traite encore
celui-ci avec quelque dédain.

MAYENNE, sous-préfecture, deuxième ville du département, florissante par son industrie de tissus. Nous trouvons son nom dans l'histoire au commencement du X⁰ siècle. Mayenne tenait alors l'un des premiers rangs parmi les principaux centres de population dans le Maine. Elle renfermait un château fort, une église paroissiale dédiée sous le vocable de la Sainte-Vierge, un monastère de moines ayant Saint-Martin pour patron et fondé par Saint-Aldric, et un pont construit en pierre (1). Aubert, homme pieux et bienfaisant, était alors son troisième seigneur.

Rive gauche

SAINT-MARTIN-DE-MAYENNE. — Vieille église ayant remplacé vers le XII⁰ siècle le monastère dont il est parlé plus haut. Pillée en 1567, par les huguenots. Restaurée en 1845, sur les plans de M. l'abbé Tournesac.

L'église possède un *tableau du Sacré-Cœur* qui a son histoire. En 1733, M. du Bourg, curé de Saint-Martin, voulant établir une confrérie du Sacré-Cœur, la ville se souleva et le juge du lieu s'opposa à l'établissement de la confrérie. M. du Bourg en appela au Parlement qui lui donna gain de cause. De plus, il fut autorisé par l'évêque du Mans, M. de Froullay, à placer dans son église un tableau du Sacré-Cœur; c'est le même qui nous occupe.

Le trésor de l'église contient notamment un *calice* ayant appartenu au grand Bossuet.

---

(1) Dom Piolin, *Histoire de l'Eglise du Mans.*

La Roche-Gandon. — Asile départemental d'aliénés dont la construction fut achevée en 1869. Architecte : M. Renou, de Laval. Dans la chapelle, au tympan du chœur, on remarque une grande peinture murale dont le sujet : *Jésus guérissant les infirmes* fut mis au concours par le conseil général de la Mayenne (1892). M. Moriceau, artiste décorateur à Laval, chargé de ce travail prit ses types d'infirmes dans l'établissement même. Dans la foule qui assiste aux miracles du Christ, serait-il indiscret de signaler le portrait du secrétaire principal, M. Hochet, celui du sympathique poète lavallois, M. Moulay, et celui du peintre. Le *facies* du Christ n'est pas non plus sans une frappante ressemblance avec celui de M. Sizaret, médecin-adjoint de l'établissement.

Rive droite

NOTRE-DAME-DE-MAYENNE.— La **nef** date de la fin du XVe siècle, et les **bas-côtés** du commencement du XVIIe siècle. Le **chœur,** dans le style roman, a été reconstruit en 1868-1872, par les soins de M. Tison, curé de la paroisse.

L'ensemble de l'église est imposant.

Une **galerie de vitraux** fut inaugurée le 21 janvier 1894; en voici les sujets historiques :

Côté du parvis : 1. Départ des croisés de Mayenne pour la Terre-Sainte 1158 (1). — 2. Jeanne d'Arc et

----

(1) Le sujet de cette verrière ne peut plus être considéré aujourd'hui que comme une fiction, les documents historiques sur lesquels il avait été édifié, venant d'être reconnus comme apocryphes.

Ambroise de Loré (1) au sacre de Charles VII, à Reims, 1429. — 3. Réhabilitation de Jeanne d'Arc.

Aux côtés de la tribune : 1. Fondation de la confrairie du Très-Saint Corps de Jésus-Christ, 1548. — 2. Consécration de la ville à la Vierge, 1621.

Côté du presbytère : 1. Entrée du cardinal de Cheverus à Mayenne, 1836. — 2. La bataille de Patay, 1870. Au bas de la verrière, à gauche, on voit le portrait de M. l'abbé Patry, curé de N.-D., aumônier militaire. — 3. Consécration de l'église de N.-D., le 19 octobre 1890.

Ces vitraux sont sortis des ateliers de M. Champigneulle, de Paris.

Le *grand orgue*, de la maison Mutin, de Caen, est de date récente et déjà fatigué.

L'orgue du chœur, par M. Debierre, de Nantes, a 8 jeux.

Le *trésor* de l'église renferme la chapelle du cardinal de Cheverus, comprenant son calice, le plateau et les burettes, une grande croix en vermeil, aiguière, bougeoir, vases des saintes-huiles.

(Notre gravure représentant N.-D. et le vieux château a été dessinée en 1889).

La **statue de Jeanne d'Arc,** élevée au dehors, sur le parvis, a été inaugurée le 18 octobre 1896, par Mgr Geay, au milieu du concours du clergé, de la municipalité et d'une foule innombrable.

Le CHATEAU fut assiégé en 1064 par Guillaume-le-Conquérant. En 1448, les Anglais qui l'occupaient

---

(1) Né en 1396 au manoir de Loré, paroisse du Grand-Oisseau, près Mayenne.

Mayenne. — *Le vieux Château.* — *L'Église Notre-Dame.*

depuis 23 ans l'ayant évacué, Pierre de Beauvais, capitaine, le remit en état de défense.

La promenade sur les remparts ne manque pas d'intérêt; de la terrasse, donnant sur la Mayenne, on jouit d'un panorama agréable mais peu étendu.

L'intérieur du château sert aujourd'hui de prison.

Le **théâtre,** élégante construction de M. Hélain, architecte à Château-Gontier, sert aux troupes de passage, aux réunions publiques, aux banquets officiels, etc.

Sur la place de l'Hôtel-de-Ville : *Fontaine* à pyramide triangulaire élevée par le maire et les échevins en 1683.

L'*Hôtel-de-Ville*, vieille maison avec beffroi. Sur la façade : deux cadrans astronomiques tracés en 1785 avec inscriptions latines.

Sur le mail, derrière l'Hôtel-de-Ville : la **statue du cardinal de Cheverus** (1) par David d'Angers, inaugurée le 8 août 1844. Quatre bas reliefs représentent les actes charitables du prélat à Boston où il fut évêque en 1808, à Montauban en 1823 et enfin à Bordeaux.

Le PETIT-SÉMINAIRE. — Ancien couvent de Calvairiennes fondé sous Louis XIV; Petit-Séminaire diocésain depuis 1856.

La **chapelle** dotée en 1872 de statues, et d'un grand orgue de Cavaillé-Coll par M. Bonnel, supérieur.

---

(1) Mgr de Cheverus n'a point eu de *titre* de cardinalat, attendu qu'il ne survécut point assez à sa nomination pour faire le voyage de Rome qui est nécessaire à son obtention.

Vitraux donnés par les familles de Brunville, de la Grange, de Laubrières, de Lozé, de Sarcus, Benoist, etc.

Le **calvaire**, planté au haut du parc, a été élevé à la place de l'ancien, renversé par l'ouragan du 12 novembre 1894. Il est en granit et porte l'inscription suivante, roulée autour du tronc cylindrique : « Donné par la baronne de Sarcus en souvenir et pour le salut de son fils unique décédé, le comte René de Sarcus, ancien élève du Petit-Séminaire. »

Dans la grotte creusée sous le calvaire sont les **tombeaux** de MM. Fillion et Dalibon, supérieur et économe du Petit-Séminaire en 1870. L'établissement ayant été transformé en ambulance, ils soignèrent les soldats blessés et malades ; frappés par la contagion typhoïde, ils tombèrent victimes de leur dévouement.

*
* *

A 4 kilomètres E. de Mayenne : *École départementale d'agriculture* de **Beauchêne**, commune de la Bazoche-Montpinçon.

A la Bazoche-Montpinçon, (1 kilomètre plus loin), la fabrique de l'église possède un **calice** (1), véritable chef-d'œuvre d'orfèvrerie datant du XVe ou XVIe siècle.

*
* *

A 7 kilomètres S.-O. de Mayenne, à 400 mètres à gauche de la route de Mayenne à Alexain : Le château

---

(1) Cet objet précieux est décrit dans l'*Écho de la Mayenne* du 6 février 1897.

Un autre calice plus artistique encore, dit-on, que celui-ci existe dans le trésor de l'église de la Bigottière (6 kilomètres d'Andouillé).

de **Bois-Sallaire** à M. Vehyer, de Paris. Magnifique construction moderne (1896) inspirée du XIIIe siècle; architectes: M. Mewès, secondé par M. Marchal, tous les deux de Paris; peintures à fresque intérieures par M. Moriceau, de Laval.

II

JUBLAINS

—

De Mayenne à Jublains, par Aron, 10 kil. 600 : Prix du voyage en voiture : 5 francs.

A moitié chemin d'Aron à Jublains, à 50 mètres de la route, à gauche près du village de la Chaire, *se trouve un* **dolmen**, *de 2 mètres de large sur 3 mètres de haut. On le nomme la* Chaire du diable.

L'ENCEINTE ROMAINE. — LA CITADELLE
OU CASTRUM DE JUBLAINS

—

(Classés aux Monuments historiques en 1840).

—

(Pour visiter, s'adresser à M. Hubert, gardien).

La citadelle qui représente un carré long de 30 mètres sur 20, est flanquée à ses deux extrémités de 4 avant-corps sans saillies sur les faces est et ouest.

Le corps principal constitue un vaste **atrium** A (1) au centre duquel est un **impluvium** B à ciel ouvert.

---

(1) **Suivre sur notre plan.**

Chacun des avant-corps comporte une salle E F I J sans croisées ni décorations. Ces salles communi-

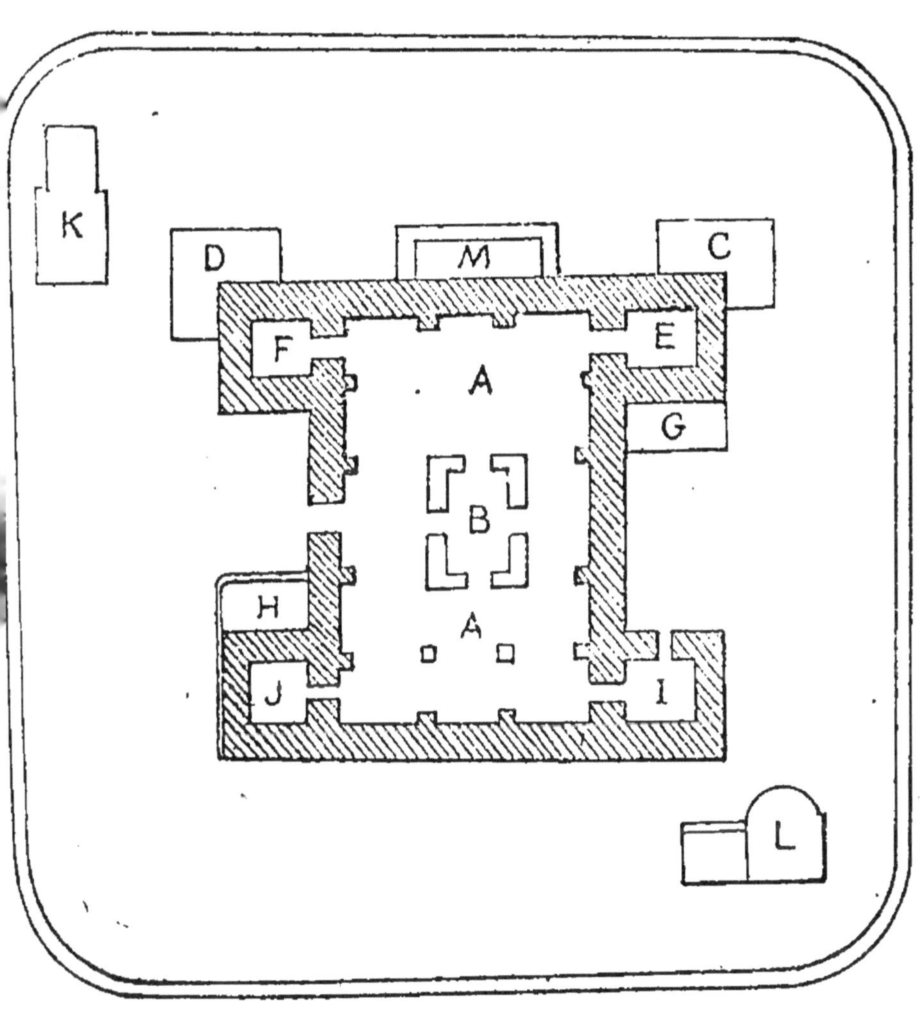

Jublains. — Plan de la citadelle.

quent avec l'atrium par des portes bandées en briques à plein-cintre.

Ajoutons les deux citernes placées à l'intérieur, dans l'atrium; voilà tout ce qui concerne l'enceinte centrale primitive.

Les deux **pavillons** C D accolés aux angles de la citadelle à l'ouest, les **bas-édifices** G H adossés au même monument, les murs actuels de l'impluvium B, les **bains** K et l'**hypocante** L placés contre les retranchements, de même que l'**avant-corps** M, sont tous des édifices d'un autre âge.

L'enceinte extérieure formée d'une épaisse muraille a la figure d'un trapèze dont la base au midi mesure 126 mètres de long. La face au nord, à 115 mètres, celles de l'ouest et de l'est portent respectivement 104 et 95 mètres (2).

D'après M. F. Liger, la citadelle remonterait au 1er siècle de notre ère et l'enceinte extérieure lui serait postérieure de deux siècles environ.

*
* *

Il reste encore, de la ville romaine d'importants vestiges que l'on peut visiter : Le *Théâtre*, le *Temple de la Fortune*, les *Bains*, l'*Aqueduc*, etc.

---

(2) *Bull. de la Commission historique de la Mayenne*, 1892.

III

LE MONT DES AVALOIRS

—

(De Mayenne à Pré-en-Pail par chemin de fer: 46 kil.)

PRÉ-EN-PAIL, gaie et claire petite ville, aux marchés à bestiaux les plus importants de la contrée.

(De Pré-en-Pail au sommet des Avaloirs, 4 kil).

Le mont des Avaloirs au versant nord duquel la Mayenne prend sa source a une altitude de 417 mètres. C'est avec le signal de la forêt d'Ecouves (Orne) qui mesure la même altitude, le point le plus élevé de tout l'ouest de la France (1).

Pour trouver des hauteurs les dépassant, il faut aller au nord jusqu'en Suède, à l'est aux Vosges, au sud aux montagnes du Berry et du Limousin.

Des Avaloirs, on embrasse un **horizon** de trente lieues de diamètre s'étendant sur la Mayenne, l'Orne et la Sarthe. On a sous les yeux les forêts de *Monaye*, d'*Ecouves*, de *Perseigne*, de *Mamers*, de *Bagnoles* et de *la Ferté*. Puis, émergeant de cette verdure, la ville

---

(1) Les monts d'Arrée, en Bretagne, n'atteignent pas 400 mètres.

d'**Alençon,** coquettement assise au milieu d'une belle plaine, d'où se détache, comme une immense taupinière, la *butte de Chaumont* à l'est de Saint-Denis-sur-Sarthe; au premier plan à l'est, le *mont Souprat,* au nord, le *mont d'Ars,* près de Carrouges, dont les toits se profilent à l'horizon, le *mont Maryan-tin* et les *buttes de Domfront*; dans le lointain, la pointe *terminus* des célèbres *buttes de Mortain* dans la Manche. On peut suivre de l'autre côté tout le cours de la Sarthe jusqu'à l'entonnoir de **Saint-Léonard,** avec ses deux murailles de rochers, *Haut-Fourché* et *Marbonne,* qui voient chaque année les visiteurs par milliers.

IV

PONTMAIN

—

(De Mayenne à Ernée par chemin de fer : 30 kil.)

ERNÉE, gracieuse petite ville, dans laquelle, à l'instar de Fougères, vient de s'implanter l'industrie de la chaussure.

(D'Ernée à Pontmain, 21 kil. ; correspondance du chemin de fer, 3 francs).

Pontmain, petite bourgade située à l'extrémité nord-ouest du département, devenue un lieu célèbre de pèlerinage depuis l'apparition qu'y fit, le 17 janvier 1871, la sainte Vierge à de jeunes enfants.

La BASILIQUE, belle application du style XIIIe siècle, a eu pour architecte M. Haweke, de Laval.

L'aspect général paraît massif et légèrement écrasé : cela provient de ce qu'un grand nombre d'ornements, tels que clochetons, pinacles, qui ont une allure élancée, ne sont pas encore posés ; et aussi de ce que les sculptures ne sont pas terminées.

La *façade* comporte deux **tours** splendides avec flèches accostant un imposant péristyle ; elle est tout en granit de Louvigné-du-Désert, d'une jolie teinte ;

elle aspecte le lieu de l'apparition au sud. La tour centrale qui figure sur les plans de la basilique ne sera probablement jamais exécutée.

L'intérieur de l'édifice est abondamment éclairé. On y remarque :

Bas-côté de droite : **L'autel** de la chapelle des morts, plaqué d'argent avec émaux violets. Cet ouvrage placé dans la première chapelle revêt un bon caractère de demi-deuil.

Bas-côté de gauche : **L'autel Sainte-Anne** du XIIIe siècle modernisé.

Le vitrail par M. Alleaume, de Laval, représente Sainte-Anne et Marie-Enfant.

Le chœur forme comme une seule verrière où se déroulent les différentes phases des apparitions de la Salette, Lourdes et Pontmain, et des scènes de la vie de la Vierge. Ces verrières, d'une médiocre exécution, viennent de la maison des Carmélites, du Mans.

La sculpture est due à l'habile ciseau de M. Edouard Giraud, de Nantes.

Le carillon composé de 25 cloches, fondues par MM. G. et F. Paccard, d'Annecy, auteurs de *la Savoyarde*, se compose lui-même de 3 *carillons* partiels :

Le premier grave, formé de 4 cloches de 3 à 4000 kilos, donne l'accord de quarte et sixte de *ré majeur*; le second, de 3 cloches occupant le médium, est en *ré mineur*, également sur l'accord de quarte et sixte; le troisième est en *ré bémol majeur* de l'octave normale, toujours avec la quarte comme base. Viennent ensuite tantôt chromatiquement, tantôt diatoniquement les notes aiguës allant jusqu'au *ré* de la deuxième octave supérieure.

Ce carillon, offert à la basilique à l'occasion du 25ᵉ anniversaire de l'apparition, fut bénit par Mgr Geay, le 11 octobre 1896.

La communauté des RR. Oblats renferme un pensionnat, un juniorat et la maîtrise. Les hommes y sont admis à suivre des retraites ; les femmes sont reçues chez les sœurs.

Il est question de capter les eaux de la turbulente *Futaie* qui coule à 150 mètres de là, pour l'installation de l'éclairage électrique.

Dix mille pèlerins se rendent annuellement à Pontmain de tous les points de la France, mais principalement de la Mayenne, de la Normandie et de la Bretagne.

V

EVRON

—

De Laval à Evron, par chemin de fer : 31 kil. Occuper de préférence les places de droite.

Passé Louverné : château du Ronceray, à Mme la vicomtesse de Ranchez.

Après la Chapelle-Anthenaise : Le château de la Ducherie, à Mme la baronne de Plazanet, dont les tours se mêlent à la flèche de l'église de **Saint-Ceneré**, *au-dessus du petit bourg de ce nom.*

Montsûrs *et la rivière la Jouanne que domine l'église des Trois-Maries du haut de sa colline escarpée.*

La cité Evronnaise est riche de trois monuments historiques : l'église N.-D. classée en 1840, la chapelle Saint-Crépin, classée en 1862 et les Halles, classées le 12 juillet 1886.

N.-D. DE L'ÉPINE

Ancienne abbatiale. Deux époques distinctes se partagent l'édifice : Le XIe siècle pour les nefs et le XIVe siècle pour le chœur aux aériennes et élégantes proportions.

En outre de son architecture, l'église offre à l'at-

tention des visiteurs de nombreux objets de grande
valeur :

La **statue en bois** de la Vierge, dite N.-D. de
l'Epine, qui peut être attribuée au XIII⁰ siècle, avec
une robe d'argent du XV⁰ ;

Un magnifique **reliquaire** de la Renaissance,
donné, dit-on, par François de Chateaubriant ;

Le **maître-autel,** orné de bronzes du temps de
Louis XVI qui sont de véritables merveilles du genre,
et d'un splendide bas-relief en marbre blanc.

Grand orgue de M. Goydadin, facteur à Bordeaux,
récemment reconstruit. Le buffet du XVII⁰ siècle est
curieux par ses tuyaux gaufrés (1).

Il faudrait tout un livre pour décrire en détail,
comme elle le mérite, cette merveilleuse église, une
des plus belles — pour ne pas dire la plus belle du
département.

LA CHAPELLE SAINT-CRÉPIN

De l'abbatiale, on se rend par une porte latérale, à
gauche, à ce merveilleux petit oratoire.

C'est une harmonieuse et vigoureuse construction
de la fin du XII⁰ siècle. On déplore le rajeunissement
qu'ont subi les anciennes peintures de la voûte.

LES HALLES

Les halles en bois qui avoisinent l'église d'Evron,
datent, dit-on, du XIV⁰ siècle, comme le chœur de
l'église abbatiale ; elles se composent de deux nefs
formées par trois rangs de poteaux.

« La charpente de ces halles mériterait une étude

---

(1) Jules Planté : *La Facture d'orgues au XVII⁰ siècle.*

particulière, dit M. de Caumont, et je la recommande d'autant plus aux architectes que ces grands édifices en bois finiront par disparaître et qu'on ne les a pas suffisamment observés.

« Des halles nouvelles ayant été construites dans un autre quartier, on rêve de la destruction des halles en bois pour agrandir la place. C'est un projet contre lequel protesteront tous les connaisseurs. »

Une adjudication vient d'avoir lieu pour la restauration de ce *monument historique*.

LA COMMUNAUTÉ DES SOEURS

Bâtie sur l'emplacement de l'ancienne abbaye.

La façade intérieure est des plus grandiose par les belles proportions de son architecture bénédictine.

Le *grand orgue* de la chapelle a été construit en 1894 par M. Debierre, de Nantes (1).

---

(1) Notre intention était de donner au lecteur une vue du magnifique buffet XIIIe siècle du grand orgue d'Avénières, œuvre du M. Debierre (voir page 46), la mort de M. Astruc, photographe, dont le concours nous était assuré, est venue entraver notre projet que nous remettons à la seconde édition de ce *Guide*.

VI

AUTOUR D'EVRON

—

I. LE CHATEAU DE MÉZANGERS (à 38 kil. de Laval, à 5 kil. d'Evron, à 400 mètres du bourg de Mézangers),

MÉZANGERS. — Le Château historique.

compté au rang des **monuments historiques** de France le 30 mars 1887.

Construit à l'époque de la Renaissance par les de Bouillé, dans ses principales parties, il est aujourd'hui la propriété de la famille Legonidec de Traissan. 600 hectares de terre d'un seul tenant, en étangs, bois, prairies et cultures encadrent ce magnifique monument. M. Thiers offrit de s'en rendre acquéreur pour trois millions de francs.

Habitation de M. de Beaucaire, de Paris.

L'église de Mézangers de style roman, a été récemment reconstruite par M. Maulavé, curé de la paroisse, qui s'en est fait l'architecte et en grande partie, l'ouvrier manuel. Une peinture murale qui existe au tympan du chœur est digne de fixer l'attention : elle a pour auteur M. Vivet, du Mans.

Dans le chœur : deux très curieux bas-reliefs.

II. SAINTE-SUZANNE (à 7 kil. 600 d'Évron), grosse bourgade, chef-lieu de canton, perchée sur une colline rocheuse et abrupte.

Ses *remparts*, aux murailles vitrifiées, sont inscrits comme **monuments historiques** depuis 1862. Ces vitrifications, dont de nombreux fragments ont été emportés par les visiteurs et les gens du pays, sont en partie recouvertes par de récentes réparations.

Château à M. le vicomte de Vauloger.

Toute cette contrée dite des **Alpes Mancelles** dont Sainte-Suzanne est comme le centre, est splendidement pittoresque.

III. LA GROTTE DU REY (1). — (D'Évron à Saint-Georges-sur-Erve, par Assé-le-Béranger : 8 kil. 400).

Cette grotte, située à 1500 mètres E.-S.-E. environ, du bourg de Saint-Georges-sur-Erve, à 400 mètres à droite de la route de Saint-Georges à Vimarcé, dans une propriété de M. le comte de Malherbe, fut découverte en octobre 1891.

C'est une caverne naturelle comprenant une dizaine de salles réparties en plusieurs étages.

Le parcours simple sous terre peut être évalué à environ 120 mètres.

(Pour visiter, s'adresser au château de Foulletorte, voisin de la grotte. Il serait imprudent de s'aventurer sans guide. — Le prix de la visite : un franc, est destiné aux pauvres).

Voici une succincte description des salles, dans l'ordre où elles se présentent.

La première salle, à 10 mètres de profondeur, pleine d'éboulis. La voûte est ornée de stalactites toutes du blanc le plus pur; il en est ainsi dans la plupart des *chambres* de la grotte.

La deuxième salle, plus petite que la précédente, mesure 14 mètres de long sur 7 de large et 4 de haut. On y a trouvé les ossements d'une hyène de grande taille.

Sur une étroite corniche très accidentée, on voit un tronc de stalagmite qui a reçu le nom de la *Bonne-*

---

(1) Résumé d'une notice de M. Emile Moreau, l'un des premiers explorateurs de la grotte du Rey.

Vierge, sa silhouette rappelant très exactement celle de la Vierge portant l'Enfant Jésus sur le bras.

La Bonne-Vierge peut être un utile point de repère dans cette excursion souterraine.

Viennent successivement : deux belles salles ornées de stalactites en forme de pendentifs et de draperies ;

La salle dite des *Petits-Éboulis* ;

Une immense salle, appelée la *salle du Chaos* à cause du bruit répercuté par les mille échos que font les pierres en cédant sous les pas ;

La *salle des draperies*, remarquable par ses stalactites en forme de draperies ;

Une autre salle donnant sur la salle du Chaos par une ouverture naturelle, sorte de fenêtre située bien au-dessus du niveau de cette dernière salle ;

Enfin, la *salle Terminus*, à 6 ou 7 mètres au-dessous du sol extérieur et à 18 mètres 50 au-dessus du fond de la salle du Chaos. Une mâchoire de bœuf ou de bison des temps primitifs y a été trouvée.

Un crâne d'hyène, un ours primitif et un renne entier ont été découverts dans d'autres parties de la grotte.

L'atmosphère de la grotte est lourde et chaude, et sans la moindre agitation qui puisse faire présumer une communication avec l'extérieur.

*
* *

Cette grotte que nous avons visitée le 29 janvier 1897, n'est pas encore totalement explorée ; M. l'abbé Gaumé, curé de Saint-Georges-sur-Erve, y a fait récemment de nouvelles découvertes ; rien n'empêche d'espérer que d'autres explorateurs seront aussi heureux, car la contrée abonde en indices de cavernes naturelles.

En l'état, la grotte du Rey dépasse en intérêt les célèbres grottes de Saulges dont il sera ci-après parlé.

***

Le château de *Foulletorte*, à M. le comte de Malherbe (2 kil. de Saint-Georges) est de la fin du XVIe siècle. Vu de la route de Vimarcé, il présente un joli aspect. Le pavillon central est surtout fort élégant.

IV. VOUTRÉ (*d'Évron à Voutré par chemin de fer : 9 kil.*). — Le bourg de Voutré se trouve au pied des collines qui forment la contrée accidentée et sauvage connue sous le nom inexpliqué de **Kabylie**.

On tire des flancs des monts Kabyles un grès porphyrique que l'on taille pour le pavage des villes. Depuis que Paris a adopté sur une grande échelle le pavage en bois, l'extraction du pavé est moins active dans ces curieuses carrières.

A l'entrée du bourg, à droite, se tient une importante **usine d'acide acétique** et autres dérivés du bois. Elle consomme 28000 kilogrammes de bois de chêne par jour, et possède 110 ouvriers.

La rivière d'Erve autrefois très poissonneuse est dépeuplée depuis l'installation de cette industrie sur ses rives.

La **fontaine** de Voutré, située à l'entrée du bourg a un débit qu'on peut évaluer de 5 à 6000 litres d'eau à la minute. L'eau que l'on voit sourdre abondamment au fond d'un réservoir peu profond, sort, même en hiver, à une température de 12 à 15 degrés.

Une *grotte* fut découverte en 1878 à l'extrémité du bourg.

On y a trouvé un squelette humain (1) paraissant être de l'âge de bronze, entouré de crânes de chiens et de poteries.

Une maison a été dernièrement construite au-dessus de cette grotte qu'on n'a jamais beaucoup fréquentée.

(De Voutré on peut se rendre par-dessus les montagnes à Saint-Georges-sur-Erve : 5 kil. — Le parcours est féerique).

V. SAULGES. — LES GROTTES. — *(De Laval à Meslay par chemin de fer : 22 kil. — De Meslay à Saulges : 12 kil. Correspondance par les voitures des entreprises Chaudet, Hédin, Lelièvre et Pivert. — Prix : 2 francs par personne avec minimum de 8 francs).*

L'église de Saulges contient : un *bas-relief votif* du XV° siècle (1401) comprenant 22 personnages ; un tableau attribué au Titien, *Le Repas des Pèlerins d'Emmaüs*, où l'on reconnaîtrait les portraits du peintre, de François Ier, de Philippe II et du cardinal Ximenès, — don de la famille de la Roche-Lambert (1811).

Du bourg, on se rend au côteau du Genièvre, ainsi nommé parce que cet arbustre y croît en grande quantité ; on descend dans la profonde vallée de la rivière l'Erve. A droite et à gauche de ce cours d'eau se trouvent les grottes.

Les grottes de Saulges se divisent en trois cavernes nommées communément *Cave à la Chèvre*, *Cave à Margot*, *Cave à Rochefort*.

---

(1) Ce squelette est au musée de Laval.

La **Cave à la Chèvre,** peu profonde est riche en vestiges des races éteintes;

La **Cave à Margot** (rive gauche) est vaste et profonde. Tantôt, elle se dédouble en deux branches qui plus loin se réunissent, tantôt elle fuit à droite ou à gauche, là elle se rétrécit, ailleurs elle s'épanouit en vastes salles décorées de stalactites et de stalagmites étranges.

La **Cave à Rochefort** est actuellement la grotte en vogue. Elle est à deux étages superposés formant des salles et des corridors d'une longueur d'environ 100 mètres. Cette grotte dont on ne connaissait jusque-là que les chambres initiales dites le couloir et la salle, fut achevée d'être découverte en 1881 par M. Léveillé, propriétaire.

(Pour visiter, s'adresser à l'hôtel de la grotte. — Prix de la visite : 1 franc).

*
* *

On ne quittera point cette pittoresque campagne, sans avoir ascensionné jusqu'à **l'hermitage** de Saint-Cenoré, où le site est admirable.

C'est une petite chapelle ouverte à tous les vents, dédiée à Saint-Cénéré qui évangélisa la contrée, et fit jaillir, dit la tradition, la source qui coule sous les pieds de sa statue. De cette particularité, lui est venu un nom trivial, mais bien populaire.

VII

CHATEAU-GONTIER

—

De Meslay à Château-Gontier par chemin de fer : 18 kil.

Château-Gontier, sous-préfecture, troisième ville par importance du département de la Mayenne.

On y remarque comme édifices principaux :

L'église archi-presbytérale de **Saint-Jean,** du XIe siècle, classée comme *monument historique* en 1840; le grand orgue qui contient 22 jeux est de M. Cavaillé-Col.

L'église de **Saint-Rémy,** remplaçant l'ancienne qui fut rasée en 1871; édifiée sur les plans de M. Lemesle, dans le style du XIIIe siècle; le grand orgue, de 22 jeux, a été construit par M. Debierre, de Nantes.

L'église de la **Trinité**;

La chapelle du **collège,** ancienne église du prieuré de Notre-Dame-du-Geneteil, datant de l'an 1050.

L'*Hôtel-de-Ville* et l'*Hôpital* sont de construction récente.

Le **Bout-du-Monde,** jardin public sur la rive droite de la Mayenne, est la promenade favorite des Castrogontériens.

* * *

Les faubourgs de Château-Gontier *Azé* et *Bazouges* sont plus anciens que la ville; de même que le prieuré du Geneteil et la paroisse de la Trinité furent démembrés du bourg primitif d'Azé, de même Bazouges dut céder l'emplacement de la forteresse et du prieuré de Saint-Jean.

L'église d'**Azé** date de l'époque romane; son clocher est du XII⁰ siècle.

L'église de **Bazouges,** romane dans ses parties primitives, vit sa nef remaniée au XVe siècle (1).

* * *

A 9 kilomètres de Château-Gontier sur la ligne de Segré, s'élève à gauche le château historique de **Saint-Ouën,** près Chemazé, à M. le comte de Sèze. Ce monument digne d'attention a fait l'objet d'une intéressante monographie par M. Ridel, architecte à Laval.

Le château de Saint-Ouën fut classé comme monument historique dès 1840.

(De Chemazé à Craon : 15 kilomètres.)

---

(1) L'abbé Charles, *Notes archéologiques.*

VIII

CRAON

—

(De Laval à Craon par chemin de fer : 37 kil.)

Des portières de gauche, on voit la *Chaire de Saint-Berthevin*, mille mètres après la halte du même nom.

A droite, **Cossé-le-Vivien** (22 kil. de Laval), chef-lieu d'un canton renommé pour son agriculture. Belle église et hospice de vieillards. Sa partie sud-ouest fait partie de cette contrée fertile qui embrasse presque tout le sud-ouest du département et qu'on appelle le Craonnais.

Le Craonnais est spécialement et universellement reputé pour sa race porcine. Un concours régional de cette race eut lieu à son chef-lieu, le 30 avril 1895 ; on s'en souviendra longtemps.

CRAON. — Coquette petite ville sur l'Oudon, à la belle et longue histoire dont l'origine connue remonte à l'an 846.

L'église **Saint-Nicolas**, remarquable par son perron monumental, sa flèche hardie et son allure ogivale élancée, est de construction moderne.

L'intérieur ne dément point cette tendance aérienne de l'édifice; pas de colonnes, mais des nervures s'élevant d'en bas jusqu'aux clés de voûte, ce qui donne un bel aspect d'élévation.

Dans les *transepts* : deux grands panneaux de peinture murale d'un grand charme de dessin et de couleur, par M. Ludovic Alleaume, de Paris. Ces panneaux servent de fond aux autels du Sacré-Cœur et de la Vierge. Sujet de gauche : *Noli me tangere*, paroles de Jésus à Madeleine après sa résurrection; sujet de droite : l'Annonciation.

Les *vitraux* des transepts par M. A. Alleaume, de Laval, frère du précédent, forment harmonie avec les peintures murales (1894-1895).

Deux grands *tableaux* donnés par l'empereur : 1° Copie de la *Descente de croix* de Rubens, 2° le *Christ au jardin des Oliviers*, par Cambon.

En face la chaire : un magnifique Christ en bois plus grand que nature et provenant de l'ancienne abbaye de La Roë.

Saint-Clément église moderne de laquelle on relient un vieux tableau noirci par le temps : un saint François-d'Assises, croyons-nous.

La **chapelle des Bénédictines** décorée par M. Ladislas Dymkowski, connu dans la contrée sous le nom familial d'Antoine. Cet artiste, originaire et habitant de Craon, fait par l'habileté de son pinceau le plus grand honneur à sa ville.

A l'*intérieur*, aû-dessus de la porte d'entrée, en se retournant, observer un curieux panneau, rempli d'un vrai sentiment religieux, peint par M. Langlois (1), de Paris.

Le château moderne, bâti sur l'emplacement de l'ancien château-fort, fut en 1803 le siège de la sénatorerie d'Angers. Sa belle façade aspecte la route de Pouancé, et les abondantes frondaisons de son immense parc servent de fond de tableau à la ville qu'il domine. Marquis de Champagné, propriétaire.

L'hippodrome de Craon situé sur la route de Saint-Quentin, à 1500 mètres de la ville, est un des plus beaux de France. Par décision du ministre de l'agriculture (24 mars 1857), il fut admis au réglement général des hippodromes du 17 février 1853. Les réunions sportives de septembre continuent d'être chaque année également recherchées par le monde du turf et par le public de la région.

----

(1) M. Langlois, décédé en 1890, est l'auteur de fort belles peintures murales notamment à N.-D. la Riche, de Tours, et au collège Mongazon, d Angers.

IX

AUTOUR DE CRAON

—

I. CHATEAU DE MORTIER-CROLLE. — *(De Craon à Saint-Quentin : 10 kil.).*

Le château qui touche le bourg de Saint-Quentin n'est habité que par un fermier.

Mortier-Crolle. — Cour intérieure. — Bâtiments. — Vieille chapelle.

Mortier-Crolle a été bâti à la fin du XVᵉ siècle par Pierre de Rohan, maréchal de Gié.

Mortier-Crolle. — Porte d'entrée.

C'est un type complet d'une habitation semi-seigneuriale, semi-militaire, du commencement de la Renaissance.

L'enceinte fortifiée a la forme d'un pentagone irré-gulier; des tours sont placées à tous les angles et sont reliées ensemble par des courtines.

L'entrée se trouve à l'un de ces angles sur une cour au fond de laquelle se tiennent la vieille cha-pelle et les bâtiments d'habitation, que représentent nos gravures.

Mortier-Crolle n'est plus aujourd'hui qu'une dépen-dance du château de Pouancé. Il a été classé comme monument historique le 28 mai 1883.

II. L'ANSAUDIÈRE — (A 5 kilomètres de Craon, par Saint-Martin-du-Limet). Le chemin de fer passe devant la propriété : se placer aux portières de droite.

Le logis de l'Ansaudière fut construit en 1750 par le célèbre architecte Pommereul. La destination galante que lui réservait un seigneur de la cour explique sa finesse extérieure, l'élégance de son parc et ses remarquables peintures à l'intérieur : trois **tableaux** signés de Boucher forment la décoration des portes, quatre autres **panneaux** portent la signature de J.-B. Huet, élève de Boucher.

M. de la Porte, propriétaire de ce délicieux cottage, a réuni chez lui une vingtaine de tableaux et esquis-ses de maîtres dignes d'un grand musée. On y remar-que un Rubens de dimension; les autres œuvres sont de surfaces plutôt petites. C'est, à notre connais-sance, la seule collection particulière du département qui soit réellement intéressante.

III. RENAZÉ (*à 12 kil. de Craon*).

Une fois dépassé le château de l'Ansaudière, le voyageur en chemin de fer apercevra à droite sur l'horizon rapproché, pendant un bon kilomètre, les hautes futaies qui enveloppent le château de *Saint-Amadour* à M. le prince de Broglie, député de la Mayenne, puis dans une peu profonde vallée le clocher de la Selle-Craonnaise dominant une contrée tout agricole.

A 300 mètres à gauche de la station de la Selle-Craonnaise : la chapelle de la **Crue,** lieu de pèlerinage en honneur dans la contrée. La flèche surmontée d'une statue de la Vierge découvre un vaste horizon.

A droite de la halte de Saint-Saturnin-du-Limet, remarquer les arbres plusieurs fois séculaires qui forment le parc et le bois du château *de Beauchêne* à M. le comte du Boberil, conseiller général.

A gauche, on laisse le bois très accidenté dépendant du logis des *Humaudières* à M. de la Chevronnais, et on arrive sur un immense remblai, duquel, de droite et de gauche, la vue se répand sur le **Chéran,** petite rivière que côtoie le célèbre filon ardoisier de Renazé égal en puissance et en qualité aux gisements schisteux d'Angers.

RENAZÉ. — Dans ce nom, propre à une seule commune, on englobe toutes les **ardoisières** du groupe, à quelque commune qu'elles appartiennent.

Voici l'énumération des sociétés exploitantes :

En Renazé : *Société de l'Anjou,* au capital de six millions ; elle comprend les ardoisières de Laubinière, de la Touche, du Frêne, des Planchettes, Longchamp et les Ensuzières ;

L'*Espérance,* au capital de 350.000 francs ; directeur : M. Jousselin.

En Congrier : *La Barre*, au capital de 400.000 francs; directeur : M. Guérin;

La Gauterie, au capital de 150.000 francs; directeur : M. René Thélier.

En Saint-Saturnin : *La Rivière*, directeur : M. Bedel.

Toutes ces sociétés sont anonymes. Leur puissance de production peut être évaluée annuellement de 50 à 60 millions d'ardoises.

La visite des carrières offre un intérêt tout particulier, soit qu'on se rende au *tue-vent* du fendeur, soit qu'on descende dans les puits, tous éclairés à l'électricité, où travaillent les fonceurs.

La population du groupe industriel de Renazé n'est pas inférieure à mille ouvriers.

* * *

L'hôpital Daudier (sur la route de la gare au bourg de Renazé, à droite) a été construit par M. Ridel, architecte à Laval.

Comme pour le Petit Lycée (voir page 174), le cadran de l'horloge est en céramique.

L'hôpital de Renazé fut fondé par les libéralités de M. Daudier, de Saint-Martin-du-Limet, décédé le 14 décembre 1882. Celui-ci, frappé du surcroît de souffrances que faisait endurer aux ouvriers blessés leur transport aux hôpitaux de Craon et de Pouancé, donna toute sa fortune — environ 800.000 francs — pour la construction d'un hôpital à Renazé.

Sur cette belle œuvre de philanthropie, nous prenons congé du bienveillant touriste. Les splendeurs de l'Anjou et les austères beautés de la Bretagne l'appellent.

La ville de Pouancé (10 kil.), aux quatre étangs, aux vieilles ruines et au magnifique château moderne lui en ouvre la route.

Isidore GUÉDON.

Laval, 10 Février 1897.

FIN

TABLE-SOMMAIRE

Deuxième Partie

ENVIRONS DE LAVAL

Troisième Partie

A TRAVERS LE DÉPARTEMENT

TABLE DES GRAVURES

LAVAL. — IMPRIMERIE MAYENNAISE, RUE RENAISE, 46.

MAISONS RECOMMANDÉES

PAR LE

GUIDE DE LAVAL

N.-B. — Toutes ces Maisons sont de Premier Ordre

TABLE

(Voir : **Renseignements divers,** *page 25).*

IMPRIMERIE MAYENNAISE

44 & 46, Rue Renaise, 44 & 46

En 1792 : rue J.-J. Rousseau. — En 1793 : rue de la Raison
Ancien numéro 289.

LAVAL (MAYENNE)

HISTORIQUE

Cette imprimerie occupe l'emplacement du Collège de Laval, fondé

Elle fut fondée en 1791 dans le même immeuble par MM. FAUR et Cie, auxquels succédèrent :

En 1795 : FAUR, GRANDPRÉ et PORTIER ;

En 1798 : F. B. GRANDPRÉ ;

En 1799 : RIBALLIER ;

En 1801 : François BOUTEVILLAIN-GRANDPRÉ ;

En 1828 : FEILLÉ-GRANDPRÉ ;

En 1858 : LE NORMAND ;

En 1866 : de MARTONNE, qui s'adjoignit comme gérant M. Camille dre du précédent,

CHAPELLE

La chapelle du vieux Collège dont on voit, de la rue Renaise, la belle fenêtre ogivale a été récemment restaurée par les soins de M. Auvray.

Vitrail par M. A. Alleaume.

Impressions en tous genres pour administrations, notaires, avoués, maires, percepteurs, fabricants, commerçants, etc. — Affiches de tous formats. — Adresses. — Avis. — Bordereaux. — Circulaires. — Factures. — Lettres de faire part de naissances, mariages et décès. — Billets d'invitation. — Etats administratifs. — Etiquettes. — Lettres de voitures. - Mandats. — Tableaux. — Tarifs. — Prix courant. — Registres à souches et autres. — Labeurs de tout format et généralement tout ce qui concerne l'Imprimerie.

MAISON FONDÉE EN 1832

J. GUINEBRETIÈRE

Maître-Charpentier et Marchand de Bois

LAVAL, *34, rue du Lieutenant, 34*, LAVAL

ENTREPOT DE BOIS DU PAYS

Chêne, Sapin du Nord, Suède, Norwège, Russie

Pitchpin d'Amérique de Pansacola et Pascagoula

Sapin de la Colombie du Nord, Sapin de l'Orégon

Madriers jusqu'à 0,60 de larg., Planches de toutes épaisseurs

Poutres jusqu'à 25 mètres de longueur, sciées 4 faces sans aucun défaut, bois supérieur au pitchpin.

SAPIN DES VOSGES ET DU JURA

Seule Maison à Laval disposant de planches sapin blanc de 0,30 à 0,40 de largeur.

Poutres, Soliveaux, Madriers, Planches, Chevrons, Voliges, Liteaux, Lattes pour Plâtriers, Lambourdes pour Zingueurs, etc.

Bois scies de toutes dimensions, chêne ou autres

Parquets Sapin, Pitchpin, Chêne, Châtaigner, Bithume

prêts à poser, de qualité et de fabrication supérieures

CHARPENTES DE TOUS STYLES & TOUTES DIMENSIONS
d'après plans

MAISON RECOMMANDÉE par ses fournitures bien choisies et les travaux importants, qu'elle a exécutés depuis nombre d'années.

Travaux exécutés récemment : échafaudages et charpentes de la Cathédrale, montage des statues du Musée : arc-de-triomphe de l'Avenue de la Gare (visite de M. Félix Faure à Laval), etc., etc.

Voir : *Guide*, page 189.

MAISON

NÉGOCIANT-ENTREPOSITAIRE
LAVAL

MAISONS DE VENTE :

18, rue de l'Hôtel-de-Ville et 66, rue Joinville
(près de Notre-Dame)

CHAIS : *Caveaux de la « TOUR RENAISE »*
(voir *Guide* page 150)

ENTREPOTS : *Rue Renaise, 14 et 24, et rue Basse-des-Bouchers, 18.*

GRANDE ÉPICERIE DE CHOIX
La plus importante du département.

VINS ET SPIRITUEUX
En cercles et en bouteilles.
Rapports directs avec les principaux vignobles de France, d'Algérie, d'Espagne et de Portugal.

SPÉCIALITÉS :

Vins grands crus. — Liqueurs de premières marques.
Champagnes authentiques.

DEMANDER LE PRIX-COURANT GÉNÉRAL

L'ÉCHO DE LA MAYENNE

JOURNAL DE LAVAL

ET DU DÉPARTEMENT

Paraissant tous les jours, excepté le Lundi

Autorisé par décret impérial du 11 septembre 1811, ce journal parut le 4 janvier de l'année suivante. Depuis lors, la publication s'en est continuée sans interruption.

Après avoir été longtemps bi-hebdomadaire, l'Echo de la Mayenne parut 3 fois par semaine et, depuis 1870, est devenu journal quotidien.

ON S'ABONNE A LAVAL

rue Renaise, 46, bureau du journal

PRIX DE L'ABONNEMENT :

	Un An	Six Mois	Trois Mois
LAVAL	18 fr.	9 fr. 50	5 fr.
MAYENNE . . .	22 fr.	11 fr. 50	6 fr.
DÉPARTEMENTS	25 fr.	13 fr. » »	7 fr.

— 10 centimes le numéro. —

INSERTIONS :

Réclames	la ligne.	**50** c.
Annonces particulières . . .	—	**25**
Annonces judiciaires	—	**20**

Tout ce qui concerne la rédaction, les annonces et les abonnements doit être adressé *franco* au bureau du journal, rue Renaise, 46.

L'abonnement au journal se paie d'avance.

L'UNION

Cⁱᵉ ANONYME D'ASSURANCES CONTRE L'INCENDIE

Fondée en 1828

15, rue de la Banque, 15

PARIS

Agent principal de la Compagnie à Laval et à Mayenne

M. Félix HERVIEU

LAVAL — **52, rue de Bel-Air** — LAVAL

TABLEAU comparatif des encaissements de la Compagnie L'UNION avec les principales Compagnies françaises.

Encaissements en 1894

	PRIMES NETTES Réassurances déduites.	PRIMES BRUTES Réassurances comprises.
Union.	11,882,904	14,762,655
Générale . . .	10,287,844	11,021,110
Phénix	8,549,827	Chiffre non indiqué au compte-rendu.
Soleil. . . .	8,500,768	10,037,368
Nationale . . .	8,488,714	10,407,077
Urbaine	7,039,646	9,560,577
France	6,320,300	Chiffre non indiqué au compte-rendu.
Paternelle . . .	4,539,414	5,901,713

SCULPTURES POUR MONUMENTS RELIGIEUX & CIVILS

EDOUARD GIRAUD

En Saint-Donatien, NANTES (LOIRE-INFÉRIEURE)

RÉSUMÉ CRITIQUE DES TRAVAUX DE CET ARTISTE :

Dans la Mayenne :

Basilique de Pontmain (tours, façade et porche); églises de *Chailland* et de *Carelles*.

Un joli autel à Chailland et trois beaux autels à Carelles. L'agencement des marbres, des bronzes et des émaux y est du plus heureux effet. Le style en est pur et parfaite l'exécution.

Manche :

Sculpture XII° siècle, très richement variée de l'église de *Heussé*.

Voir : *Guide*, page 252.

Loire-Inférieure :

Sculptures aux églises de *Massérac, Treffieux,* l'*Immaculée-Conception* de Saint-Nazaire, *Juigné-les-Mou-tiers, Haute-Goulaine, Douges.*

Riches autels à Massérac, Treffieux, Saint-André-des-Eaux, l'Immaculée-Conception, *Petit Mars, Hôtel-Dieu de Nort.*

Vendée :

Sculptures aux églises de *Saint-Sulpice-le-Verdon, Saint-André-treize-voix.*

Chaire à prêcher en pierre de Saint-Sulpice-le-Verdon. Remarquables sculptures XII° siècle.

SAINT-PLEIX.

AMEUBLEMENTS COMPLETS

M.-J. BOULEAU

Tapissier-Décorateur

MAYENNE — **80, Grande-Rue** — MAYENNE

*Livraisons franco de port et d'emballage
aux mêmes prix
que les catalogues des Maisons de Paris et d'ailleurs.*

LOCATION DE TENTES
DÉCORATIONS POUR DINERS DE NOCES ET SOIRÉES

MATÉRIEL D'ÉGLISE
Pour Mariages, Sièges, Prie-Dieu, Tapis,
Portières, etc.

DÉCORATIONS POUR RÉCEPTIONS ÉPISCOPALES
Trône, Tentures, etc.

DÉCORATIONS EN TOUS GENRES

GRAND ÉTABLISSEMENT D'HORTICLUTURE

MORVAN DIT LAROSE

PÈRE et FILS

Horticulteurs, Pépiniéristes, Paysagistes

Rue de Tours, 152, LAVAL (Mayenne)

8 hectares en pépinières

TRACÉS DE PARCS ET JARDINS

Culture d'arbres fruitiers, forestiers, résineux

PETITS PLANTS POUR PÉPINIÈRES, BOIS ET HAIES

GRANDE QUANTITÉ

DE POMMIERS A CIDRE

Cultivés dans nos Pépinières, greffés et non greffés

Andromènes, Azalées, Bruyères, Camélias, Clétras, Kalmias, Rododendrums, etc.

TERRE DE BRUYÈRE A VENDRE A DES PRIX MODÉRÉS

GRANDE COLLECTION DE ROSIERS, CONIFÈRES, ARBUSTES ET PLANTES-FLEURS

Pour Massifs

LOUAGE DE PLANTES POUR DÉCORATION

PLANTES DE SERRES ET D'APPARTEMENT DE TOUTES ESPÈCES

Spécialité de Bouquets, Couronnes et Corbeilles sur commande.

Entretien de Parcs et Jardins

Edouard CHARTIER

Maître-Serrurier

32, RUE DU LIEUTENANT ET RUE DE BOOTZ, 25

A LAVAL

GRILLES ARTISTIQUES EN FER FORGÉ

SPÉCIALITÉS DE FERS FORGÉS POUR APPUIS DE COMMUNION

GRILLES DE CHŒUR

STATUES RELIGIEUSES

Seul dépositaire des coffres-forts **FICHET**

GRAND ASSORTIMENT EN MAGASIN

Voir : *Guide*, pages 76, 96.

GRAND BAZAR DE PARIS

A. AUDUREAU ET PASQUIER

34 & 42, RUE JOINVILLE, 34 & 42

LAVAL

Articles de ménage, Porcelaines, Cristaux, Verreries,
Services de table, Orfèvrerie.

MAGASIN SPÉCIAL D'AMEUBLEMENT

Tentures, Literie

TAPIS D'AUBUSSON, DE BEAUVAIS, D'ORIENT, ETC.

ATELIER DE TAPISSERIE

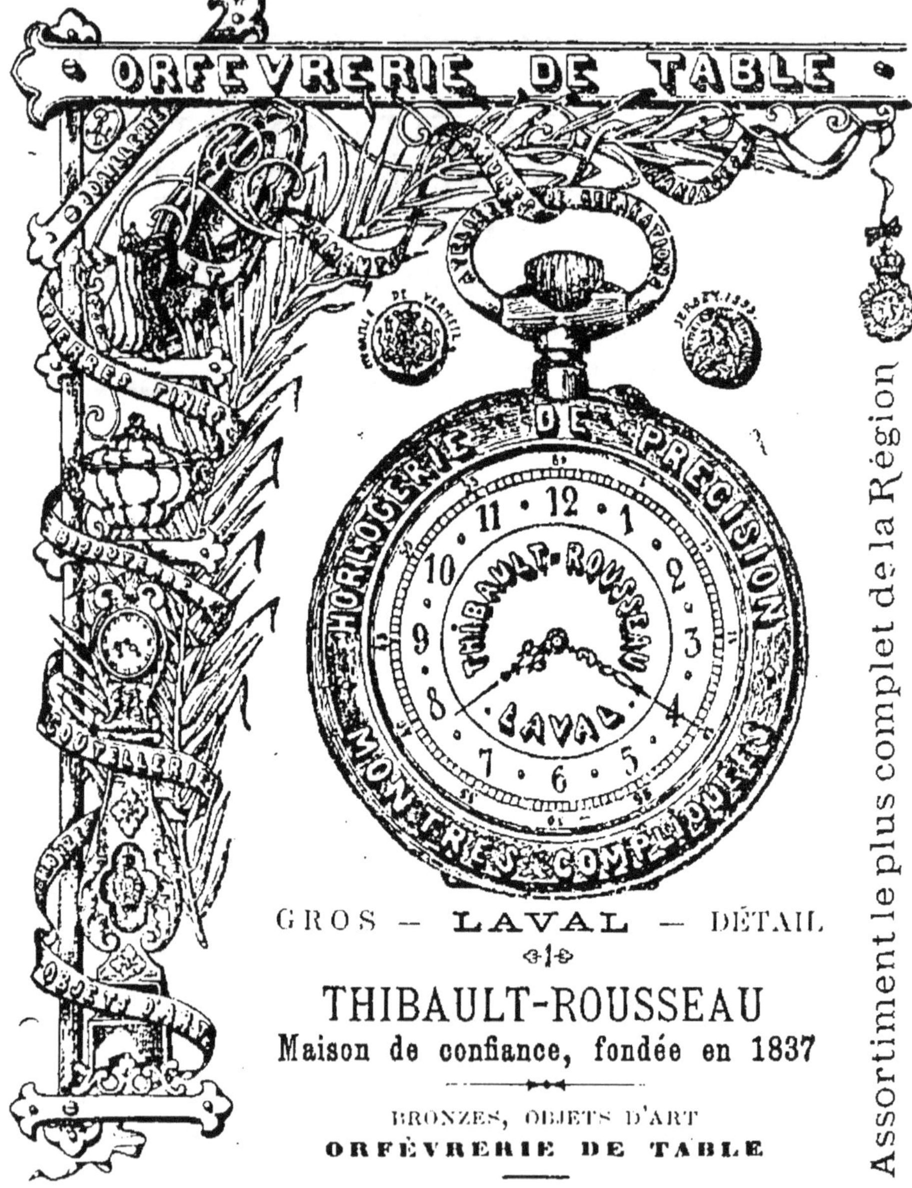

ORFÈVRERIE DE TABLE
HORLOGERIE DE PRÉCISION
MONTRES & COMPTEURS
THIBAULT-ROUSSEAU
LAVAL
Assortiment le plus complet de la Région

RENSEIGNEMENTS DIVERS

I. ARCHIVES ET ÉTUDES DES NOTAIRES
II. ATELIERS D'ARTISTES-PEINTRES
III. INTERPRÈTES, TRADUCTEURS
IV. COMMISSIONNAIRES PUBLICS
V. HOTELS, OMNIBUS
VI. VOITURES DE PLACE

Archives et Études des Notaires de Laval

I. — Mᵉ CHAPLET, *rue de l'Hôtel-de-Ville, 29.*

(Prestation de serment le 28 février 1890).

Prédécesseurs :
MM. Messant Olivier-Michel (du 9 septembre 1816 au
28 juin 1851).

Messant Hippolyte-Olivier (du 23 juin 1851 au 14
novembre 1854).

Launay Almire-Louis-Michel (du 4 juin 1855 au
20 août 1872).

MM. Hamon Auguste-Constant-René (du 26 août 1872
au 15 février 1888).
Desrocques Maurice-Antoine (du 27 décembre
1888 au 28 février 1890).

Dépositaire des minutes de ses prédécesseurs
et de :
MM. Lemonnier Pierre, notaire à Laval (1757-1793).
Josset Jean-Baptiste-Charles, notaire à Entram-
mes (1777-1784).
Josset Jean-Baptiste-Charles, notaire apostolique
(1778-1790).
Josset père, notaire à Laval (1785-1816).

II. — Me CHAUVEAU, *rue du Pont-de-Mayenne, 34.*

(Entré en exercice en 1885).

Dépositaire des archives de ses prédécesseurs :
MM. Aubry (de 1758 à l'an XIII).
Josset (de 1806 à 1826).
Besnard (de 1828 à 1848).
Duchemin (de 1849 à 1881).

III. — Me DERME, *rue de Joinville, 56*

(Entré en exercice en 1893).

Dépositaire des archives de ses prédécesseurs :
MM. Cosson (1769-1809).
Béchet (1809-1815).
Meslay (1816-1859).
Texier Émile (1859-1883).
Texier Eugène (1883-1893).

IV. — Me **FONTAINE**, *place du Palais, 12.*

(Entré en exercice le 28 juillet 1856).

Prédécesseurs :
MM. Castineau (1782-1822).
   Fontaine père (1822-1856).
Dépositaire des archives de ce dernier.

V. — Me **GASCOIN**, *rue de la Paix, 42.*

(Entré en exercice en 1878).

Dépositaire des archives de ses prédécesseurs :
MM. Hayer père (1744-1793).
   Hayer fils (1774-1819).
   Gougis (1819-1824).
   Manisse (1824-1851).
   Mottier père (1851-1876).
   Mottier fils (1876-1878).

VI. — Me **RAMARD**, *place Hardy, 19.*

(Entré en exercice le 11 octobre 1880).

Prédécesseurs :
MM. Mouton père (1773-1781).
   Mouton fils (1781-1811).
   Néré (1812-1835).
   Le Sassier-Zoncheret (1835-1860).
   Perrier-Lamotte (1860-1880).
Dépositaire des minutes des trois derniers.

VII. — Me **TOUCHARD**, *rue de la Gare, 4.*

(Prestation de serment le 10 août 1888).

Dépositaire des archives de ses prédécesseurs :
MM. Marteau Julien-Guillaume père (1782-1821).
   Marteau Julien fils (1821-1826).

MM. Le Bourdais-Durocher Joseph-Désiré-Constant (1826-1856).

Touchard Adolphe père (1856-1888).

VIII. — Me TURQUET, *rue Neuve, 9 et 11.*

(Entré en fonction le 18 avril 1888).

Dépositaire des archives de ses prédécesseurs :

MM. Mouton père (1773-1780).

Mouton fils (1781-23 thermidor an XII).

Rousseau (an XII-1833).

Troussard [1] (1833-1838).

Renaut (1839-1846).

Dubois (1846-1877).

Delorme (1877-1888).

Anciennes archives notariales

Toutes les minutes antérieures aux plus anciennes dates indiquées ci-dessus sont déposées aux archives de la Chambre des Notaires (Palais-de-Justice).

---

[1] M. Troussard, précédemment notaire à Sainte-Suzanne, fut assassiné chez lui le 23 août 1838, par un client de cette contrée. Il habitait l'immeuble portant le numéro 27, du quai d'Asnières, et daté de 1832.

ATELIERS D'ARTISTES-PEINTRES

I. — M. ALLEAUME, *peintre-verrier, 53, rue de Bootz.* — Élève de Brunclair et de Gérôme, membre de la Commission historique et archéologique de la Mayenne. — Collection de curieux vitraux anciens.

II. — M. BERTIN, *professeur, 11, rue du Mans.* — Élève de Gérôme et de Maillart. — Aquarelles, pastels et toiles intéressantes. — (*Guide : page 217*).

III. — M. Pierre CHARON, *peintre-sculpteur, professeur, 5, rue de Strasbourg.* — Élève de l'École des Beaux-Arts; reçu au Salon. — Portraits, paysages, tableaux de genre — bustes et médaillons. — (*Guide : pages 182 et 188*).

IV. — M. MORICEAU, *peintre-décorateur, 28 bis, rue Traversière-Magenta (près la Gare).* — Élève de Galland. — Paysages, fleurs et tableaux divers.

V. — M. Émile PLACÉ, *professeur, 22, rue du Lieutenant.* — A reçu des conseils d'Horace Vernet et de Cabanel; officier d'académie. — Sa collection de tableaux est rehaussée par *plusieurs toiles de valeur,* notamment : Le *Jugement de Salomon,* par Martin jeune, 1714. (1m50 sur 1m20).

LANGUES VIVANTES

INTERPRÈTES. — TRADUCTEURS

Allemand

Mme Bahon, boulevard de Tours.
MM. Lefèvre, professeur au Lycée, 2, rue du Séminaire.
l'abbé Romagné, professeur au collège de l'Immaculée-Conception. (M. Romagné passe chaque année ses vacances en Allemagne).

Anglais

Mme Bahon, boulevard de Tours.
Mlle Rorke, 30 bis, rue du Lieutenant.
MM. l'abbé Chelle, professeur au collège de l'Immaculée-Conception. (M. Chelle passe ses vacances en Angleterre).
Jubien, professeur au Lycée, 104, rue d'Ernée.
Marie, 2, rue Mazagran.

Espagnol et Italien

M. Marie, 2, rue Mazagran.

COMMISSIONNAIRES PUBLICS

Les commissionnaires publics portent une plaque numérotée qui leur est délivrée par la police.

TARIF : La course. . . . . . 0 fr. 50.
L'heure . . . . . . 0 fr. 60.

Le transport des colis volumineux se règle à l'amiable.

HOTELS. — OMNIBUS

Les principaux hôtels, sauf celui du Grand-Dauphin, ont un omnibus à tous les trains du chemin de fer.

Il n'existe pas d'omnibus de la Cie de l'Ouest faisant le service de la ville. Des voitures à itinéraire fixe y suppléent dans une certaine mesure.

VOITURES DE PLACE

TARIF

SERVICE DE JOUR

VOITURE A UN CHEVAL
{ La course . . . . . . 1 fr.
{ L'heure . . . . 2 fr.

La course est comprise sans arrêt et sans détour, dans les limites de l'octroi.

Les voyages pour la campagne sont débattus entre l'entrepreneur ou les garçons.

SERVICE DE NUIT
A partir de 10 h. 1/2

VOITURE A UN CHEVAL
{ La course . . . . . . 2 fr.
{ L'heure . . . . 3 fr.

VOITURE A DEUX CHEVAUX

Service de jour	Service de nuit
La course . . . . . . 2 fr.	La course . . . . . 3 fr.
L'heure . . . . 3 fr.	L'heure . . . . . . 4 fr.

Bagages : 20 centimes par colis.

Supplément à la Table des Gravures

La Cathédrale, page 9.